Isabel Calderón Villarino

55 ACTIVIDADES ORALES im Spanischunterricht

Kreative Ideen und Methoden zur Förderung der Sprechkompetenz

1. Auflage 2024

Autor*innen: Isabel Calderón Villarino
Illustrationen: Steffi Aufmuth, Corina Beurenmeister, Julia Flasche, Steffen Jähde, Kristina Klotz, Tina Pohl, Trantow Atelier
Satz: fotosatz griesheim GmbH
Druck und Bindung: Druckerei Joh. Walch GmbH & Co. KG
ISBN 978-3-403-**08589**-8

www.auer-verlag.de

Hablando se entiende la gente. – Diese spanische Redewendung spiegelt einen der wichtigsten Aspekte des Spracherwerbs wider. Wer eine (Fremd-)Sprache spricht, findet sich in den unterschiedlichsten Kommunikationssituationen in der Zielsprache zurecht. Dieser Schwerpunkt des Spanischunterrichts ist auch für junge Sprachenlernende ab Klasse 7 (in diesem Buch setzen wir das 1. Lernjahr vereinfachend in Klasse 7 an; natürlich kann Spanisch als Fremdsprache auch früher/später beginnen) nachvollziehbar und begründet, weshalb sehr viel Zeit im Unterricht auf das Lernen und Schulen von Sprechhandlungen verwendet werden soll.

Beginnend bei Kommunikationssituationen, die es den Schüler*innen ermöglichen, über sich und ihre Lebenswelt, Alltagssituationen und Themen, die sie interessieren, zu sprechen, sollen sie ergänzend und zugleich erweiternd ihre Meinungen zu Sachverhalten, unterschiedliche Standpunkte oder auch Gefühle äußern lernen. Wichtig ist ebenso, dass sie sowohl in monologischen als auch in dialogischen Kontexten agieren können. Während früher bei der Vermittlung von Sprechakten die Verwendung der richtigen grammatikalischen Phänomene im Vordergrund stand, ist gegenwärtig der mehr oder weniger für den*die Empfänger*in der Botschaft verständliche Inhalt realitätsnäher, um den Lernenden die Hemmungen oder gar die Angst vor dem Sprechen zu nehmen. Eine positiv ausgerichtete Fehlerkultur, welche die Schüler*innen unterstützt und zugleich Hilfestellungen für die richtige Verwendung von Grammatik, Satzbau, Konjugationen, Tempora oder auch Konjunktionen vermittelt, ist folglich ein in der Erfahrung erprobter erfolgreicher Mittelweg, den es zu beschreiten sich lohnt, da auf diese Weise die Balance zwischen richtiger Verwendung von Sprache und Freude am Sprechen in der Zielsprache gehalten werden kann.

Die Teilbereiche, die im vorliegenden Band behandelt werden, sind:
* Wortschatz: allgemein, über sich und sein Lebensumfeld sprechen, Sprache kreativ gebrauchen, Alltagskommunikation
* Rollenspiele: kreative Sprachaufgaben mit monologischem oder dialogischem Charakter
* Satzbildungs- und Satzbauaufgaben
* Grammatik: fragen, vergleichen, über Zukünftiges oder Vergangenes sprechen, Kollokationen
* freie Sprachverwendung: argumentieren, zusammen eine Geschichte entwickeln

Die Aufgabenstellungen variieren und sind monologisch, als Partnerarbeit oder als Aufgabe für die gesamte Lerngruppe angelegt. Zudem werden differenzierende Übungsvarianten angeboten, sodass alle Schüler*innen in ihrem Lerntempo die Aufgaben bearbeiten können. Es werden auch digitale Varianten der Durchführung vorgestellt.

EINFÜHRUNG

Sie können die vorliegenden Aufgaben verwenden, um den Einstieg in die Stunde aktivierend zu gestalten sowie um behandelte Inhalte zu festigen bzw. zu erweitern. Auch für Projektarbeit oder zum Üben für Kommunikationsprüfungen sind sie geeignet. Einzelne Übungen erfordern Vorarbeit sowie methodisch vorher erworbene Kompetenzen, was Sie bei Ihrer Unterrichtsplanung berücksichtigen sollten.

Vor Beginn des Einsatzes der Übungen ist zudem wichtig, dass Sie dies im Plenum mit Ihren Schüler*innen besprechen, sodass diese die Zielsetzung nachvollziehen und ggf. sogar in intrinsische Motivation umsetzen: Es handelt sich um Gelegenheiten, das Sprechen zu üben, um in authentischen Kommunikationssituationen angemessen reagieren und agieren zu können.

Sprechen in einer Fremdsprache erfordert viel gegenseitiges Vertrauen innerhalb einer Lerngruppe, zum Beispiel in dem Wissen, Fehler machen zu dürfen, oder auch dem Anspruch, verständlich sprechen zu wollen. Beides sowie vieles mehr ist erreichbar, wenn Sprechen im Unterricht in nahezu jeder Unterrichtsstunde einen Schwerpunkt bildet und als „normal“ gilt.

In diesem Sinn wünsche ich Ihnen viel Spaß beim Sprechen im Unterricht und viele kommunikative Erfolgsmomente mit Ihren Spanischschüler*innen.

Isabel Calderón Villarino

ÜBUNGEN MIT MONOLOGISCHEM CHARAKTER

Hinweise zum Einsatz im Unterricht

Obwohl Sprechen in der Zielsprache als für sich stehende Kompetenz ausgewiesen ist, greifen bei einem Sprechakt viele Kompetenzen ineinander, um diesen ausführen zu können. Dies bezieht sich sowohl auf monologische als auch auf dialogische Kontexte. Das Sprechen als Monolog sowie das Sprechen im Dialog stellen in der Zielsprache immer wieder eine Herausforderung für die Sprachlernenden dar. Insofern ist es besonders wichtig, dass das Lernen niedrigschwellig bzw. spielerisch angeleitet und nicht als Hürde wahrgenommen wird.

Die Übungen in diesem Kapitel orientieren sich an den drei Bausteinen „Wortschatz", „Über sich und sein Lebensumfeld sprechen" sowie „Kreative Sprachverwendung".

Wortschatz bildet die Basis und somit den Dreh- und Angelpunkt jedes Sprachenlernens. Folglich nimmt dieser Bereich eine besondere Bedeutung ein.

Das Sprechen über sich und das eigene Lebensumfeld ist für Lernende des Spanischen, vor allem im ersten Lernjahr, nicht nur eine grundlegende Prüfungsvorbereitung – sei es für mündliche Leistungsnachweise oder auch Teile der DELE-Prüfung –, sondern ist gleichermaßen eine gute Vorbereitung auf einen bevorstehenden Schüleraustausch, eine Bewerbung um einen Praktikumsplatz etc. Zusammengefasst kann man sagen, dass in allen Situationen, in denen Schüler*innen in ein neues Lebens- bzw. Sprachumfeld eintauchen, sie sich selbst vorstellen müssen und ihre Vorlieben, Abneigungen, Hobbys usw. ausdrücken können sollten. Je nach Lernjahr oder auch authentischer Situation ist dies einfacher oder auch sprachlich komplexer zu gestalten.

Im Bereich „Kreative Sprachverwendung" sind offene Übungskontexte enthalten, die weniger stark gelenkt sind und bei denen die Schüler*innen in der Art und Weise ihrer Sprachproduktion und -verwendung wenig gesteuert werden.

Je nach Art und Charakter der Übungen können diese sowohl einleitend zu Beginn einer Unterrichtsstunde als auch zwischendurch oder am Ende zum Ausklang des Unterrichts eingesetzt werden.

FOKUS: WORTSCHATZ

1 ¿Quién sabe más? – Festigung und Erweiterung des Wortschatzes

 freies Sprechen, Wiederholung idiomatischer Ausdrücke, Wortfamilien schulen

 1.–4. Lernjahr

 5–10 Minuten

 Wortkarten in einem Beutel

Durchführung
Diese Übung dient zur Wiederholung und Festigung von (thematischem) Wortschatz und kann als Spiel im Unterricht durchgeführt werden.
Die Lehrkraft bereitet Wortkarten vor, z. B. Verben zur Bewegung, und gibt sie in einen Beutel. Jede*r Schüler*in zieht eine Wortkarte und nennt Wörter, die zur Wortfamilie gehören, Zusammensetzungen, die man mit dem Wort bilden kann, idiomatische Ausdrücke oder Satzbausteine. Wer die meisten findet, gewinnt.

Beispiel: *ir*

* Wortfamilie: *la ida*
* idiomatische Ausdrücke: *irse con la música a otra parte, ir al grano*
* Satzbausteine: *ir al colegio, ir a ver una película, la ida es gratuita*

Tipp
Im Sinne der Differenzierung können für leistungsschwächere Schüler*innen auch Hilfestellungen in Form von Beispielen auf den Karten notiert werden.
Leistungsstärkere Schüler*innen können noch weitere Kategorien nennen, zum Beispiel Synonyme oder Antonyme für das gezogene Wort.

Variante
Das Spiel kann auch in Gruppen gespielt werden, wobei ein Zeitrahmen von ein bis zwei Minuten vorgegeben wird. Jede*r Spieler*in notiert so viele Begriffe wie möglich auf die Karte und reicht diese dann an die nächste Person weiter. Die Gruppe, welche die meisten Begriffe findet, gewinnt.

Digitale Variante

Das Wort kann auch digital durch die Lehrkraft vorgeben werden und alle Schüler*innen können passende Wörter über ein entsprechendes Tool, z. B. *https://www.mentimeter.com* diktieren, sodass zu jedem Ausgangswort eine „Wortwolke" entsteht. So können alle Schüler*innen gleich die Wörter der anderen sehen. Wörter, die öfter genannt werden, werden größer dargestellt, was auch der Lehrperson einen guten Überblick über die Wortschatzkenntnisse der Lerngruppe liefert.

2 *Del alfabeto hasta la frase* – Wortschatz kaskadisch lernen

 das Alphabet als Wortschatzgerüst

 1.–4. Lernjahr

 10–20 Minuten

 AB mit Alphabet

Durchführung

Im Verlauf der Lernjahre ist das Alphabet immer wieder eine gute Hilfestellung, um als Ausgangspunkt bzw. Gerüst für das Festigen von Wortschatz zu dienen. Es kann genutzt werden, um die Aussprache von Wörtern zu üben, zur Zusammenstellung von Wortfamilien oder als Themenwortschatz.
Zusätzlich bietet es die Möglichkeit, dass man es kontinuierlich ergänzen und im Verlauf der Lernjahre auch als Hilfsgerüst zur Bildung von Sätzen nutzen kann.
Im ersten Lernjahr können die Wörter noch mit Wortbildern ergänzt werden; im Verlauf der Lernjahre mit Adjektiven oder Verben etc.

Beispiel: *Los animales, 1. Lernjahr*

A el águila
B la ballena
C el cerdo
D el delfín
F la foca
G la girafa
H la hormiga
I la iguana
J el jaguar
K el kiwi
L el león
M el mono
N la nutria
O el oso
P el perro
Q el quetzal
R el ratón
S la serpiente
T la tortuga
U la urraca
V la vaca
W el watusí
X el xenopus
Y el yak
Z el zorro

Tipp
Bei leistungsschwächeren Schüler*innen bietet sich für unser Beispiel oben an, als Entlastung den Hinweis zu geben, dass einzelne Tiernamen gleich oder ähnlich zu den deutschen Tiernamen sind.
Bei leistungsstärkeren Schüler*innen bietet es sich an, dass sie zusätzlich ein passendes Adjektiv zu den Tieren suchen. Beispiel: *la ballena* > *grande*

Variante
Anstelle des Alphabets können auch Bilder der Tiere stehen, die genannt werden sollen.

Digitale Variante
An einer digitalen Pinnwand, z. B. *https://padlet.com*, notieren alle Schüler*innen der Lerngruppe die Wörter, die ihnen zu einem Buchstaben einfallen, und anschließend bildet jede*r mit einem Wort einen Satz. Der Vorteil ist, dass alle Schüler*innen gleich die Wörter der anderen sehen und jede*r etwas beitragen kann. So werden mehr Tiere gefunden und schwierige Buchstaben können gemeinsam bewältigt werden.

3 *Alarma* – Wortpaare, Synonyme und Antonyme schnell finden

 sich Wortkombinationen einprägen und wiedergeben

 1.–2. Lernjahr

 5–10 Minuten

 laminierte Wortkarten

Durchführung
Wörter einzeln zu lernen ist für die meisten Schüler*innen einfach; bei Wortpaaren, Synonymen und Antonymen fällt es ihnen schon etwas schwerer. Das spielerische Lernen und Festigen soll ihnen diese Hürde erleichtern.
Immer zwei Schüler*innen spielen gegeneinander. Sobald das Start-Signal durch die Lehrkraft gegeben wird, zieht Spieler*in A eine Wortkarte und liest das Wort vor. Spieler*in B sagt möglichst schnell das Paarwort, Synonym oder Antonym. Wer in der vorgegebenen Zeit die meisten Wörter sagt, gewinnt.

Beispiel: 2. Lernjahr

Spieler*in A: **hablar**

Spieler*in B sagt:
charlar, preguntar, contestar, chillar, decir, comentar, gritar

Tipp
Bei leistungsschwächeren Schüler*innen bietet es sich an, ihnen Auswahlmöglichkeiten anzubieten und sie wählen die richtige Variante aus.
Beispiel: *antónimo de hablar: callar, charlar, contestar*

Variante
Anstelle das Wort vorzulesen, kann es auch diktiert werden und muss notiert werden. Eine daran anknüpfende Aufgabe wäre, sich die gefundenen Wörter einzuprägen und auswendig vorzusagen.

Digitale Variante
In Breakout-Rooms werden die Wörter digital eingespielt und die Spielerpunkte notiert. Weitere digitale (Spiel-)Varianten finden Sie unter: *https://kahoot.com*. Mithilfe dieses Tools können Sie Spielgruppen anlegen bzw. gegen die Lerngruppe spielen. Alle Spielenden können nach Abschluss des Spiels ihre erlangten Spielergebnisse sehen bzw. an welcher Stelle noch Lernbedarf besteht.

Crea tu/s... – Wiederholung verschiedener Wortfelder

 thematischen Wortschatz wiederholen

 1.–4. Lernjahr

 1–2 Minuten

 ggf. Zeichnungen/Bilder als Impulse

Durchführung
Um einen thematischen Wortschatz im Sinne des Spiralcurriculums zu wiederholen, zu festigen und zu erweitern, ist es sinnvoll, den Schüler*innen folgenden Arbeitsauftrag zu stellen: *Crea tu casa/tu colegio/tu figura de cómic/...*
Der Auftrag dient als Impuls, um möglichst viele Wörter aus dem genannten Themenfeld zu sammeln, zu vernetzen und ggf. sogar zu erweitern.

Als Hilfestellung können Zeichnungen/Bilder bereitgestellt werden. Zur Vorbereitung haben die Schüler*innen circa eine Minute Zeit. Dabei soll nichts notiert werden. Nach Ablauf der Zeit werden die Einfälle der Schüler*innen an der Tafel fixiert, sodass eine große Übersicht entsteht. Diese kann dann abfotografiert/abgeschrieben werden und als lernbegleitendes Arbeitsblatt genutzt werden.

Beispiel:

Crea...

...tu colegio ideal.
...la casa de tus sueños.
...el pueblo/la ciudad del futuro.
...un día perfecto.
...tu viaje más aventurero.
...tu súperheroe.

Beispiellösung: *La casa de mis sueños es muy pequeñita y sólo tiene una habitación. Si me quiero ir de un lugar a otro la puedo llevar fácilmente conmigo y así puedo vivir en el campo, en el bosque o junto al mar.*

Variante

Diese „Wortsammlung“ kann auch dazu dienen, Wortarten oder Verben – in Gruppen – zu sammeln. Hier würde der Arbeitsauftrag lauten: *Crea tu tabla de preposiciones* und die Schüler*innen versuchen, innerhalb eines vorgegebenen Zeitintervalls so viele unterschiedliche Präpositionen zu rekapitulieren, wie möglich. Diese werden dann per Zuruf in einer Mindmap/einem Tafelbild gesammelt.
Bei leistungsstärkeren Schüler*innen kann der Auftrag noch dahingehend erweitert werden, dass sie passende Verben zu den jeweiligen Präpositionen finden.
Bei leistungsschwächeren Schüler*innen können Verben genannt werden und sie ordnen diese den Präpositionen zu.

Digitale Variante

Mithilfe eines Grafik- oder Videoprogramms können die Schüler*innen zunächst einen Raum kreieren und anschließend der Lerngruppe präsentieren. Denkbar ist auch, den Raum einer KI zu diktieren, und diese erstellt das Bild. Die entstandenen Produkte werden im Unterricht hinsichtlich der Umsetzung des Textes als Bild besprochen. Hierfür kann folgendes Tool genutzt werden: *https://videos.simpleshow.com.*
Das Tool überträgt Text in kleine Videos, die weiterführend im Unterricht eingesetzt werden können, z. B. als Schreibanlässe.

5 *El tema de la semana* – Monólogos de 1 minuto

 freies Sprechen

 3.–4. Lernjahr

 1–2 Minuten

 Themenwoche zu einem gewählten Thema der Lerngruppe

Durchführung

El tema de la semana wird von Woche zu Woche oder von Monat zu Monat festgelegt und kann einen Bezug zu Unterrichtsinhalten, jedoch auch zum aktuellen Geschehen oder zu Themen haben, welche die Schüler*innen interessieren. Jede*r Schüler*in notiert eine Frage zum Thema. Die Themen werden in einem Beutel gesammelt.
Pro Tag wird der Name eines*einer Lernenden ausgelost, der* die eine Impulsfrage zieht und eine Minute lang seine*ihre Antwort präsentiert.
Dabei ist es wichtig, dass die Lehrkraft zunächst das Formulieren offener Fragen im Plenum einführt und üben lässt und die Schüler*innen zunächst selbst testen, ob sie circa eine Minute lang dazu antworten können.
Während des Vortrags der*des Schülers*in ist es wichtig, diese*n nicht zu unterbrechen, sondern erst im Anschluss ggf. aufgetretene Sprach- oder inhaltliche Fehler zu verbessern.

Beispiel: *Tema de la semana: En el futuro*

¿Qué harás después del colegio?

¿Qué comeremos/beberemos en el futuro?

¿Qué aprenderemos de la inteligencia artificial (IA) en el futuro?

Beispiellösung: *De la IA podremos aprender muchas cosas. Por ejemplo, nos podrá enseñar cómo podremos escribir textos y buscar información sobre un tema. Además, nos ayudará a resumir información y a profundizar más en los temas que nos interesan. Otro aspecto positivo es que con la IA podremos escribir pero también hablar en español y de ese modo practicaremos varias competencias a la vez.*

Tipp
Damit allen Schüler*innen alle Fragen bekannt sind, können diese ausgehängt werden. Auf diese Weise haben alle die Möglichkeit, sich ggf. auf ihren Vortrag vorzubereiten. Gerade bei leistungsschwächeren Schüler*innen ist dies hilfreich.

Digitale Variante
Ihre Statements können die Schüler*innen sowohl über Handys mithilfe eines Audio-Rekorders aufnehmen oder auch in einer etwas komplexeren Variante mit dem Tool *https://www.audacityteam.org/*. Beides eignet sich, um ihre Statements zur Fragestellung aufzunehmen und für die gesamte Lerngruppe hörbar zu machen. Aus den eingestellten Ergebnissen können weiterführende Fragestellungen entwickelt werden.

6 *Trabalenguas* – Schnelles Sprechen zur Verbesserung der Aussprache

 imitierendes und freies Sprechen

 1.–4. Lernjahr

 5–10 Minuten

 Karteikarten, Wäscheleine

Durchführung
Die Lehrkraft teilt jedem*r Lernenden eine (Kartei-)Karte aus mit dem Arbeitsauftrag, einen spanischen Zungenbrecher im Internet zu recherchieren und zu notieren. In der folgenden Spanischstunde werden die Karteikarten verglichen, ggf. wird bei Dopplungen ein Zungenbrecher ersetzt. Anschließend werden die Karten an einer gespannten Schnur angebracht. Zu Beginn oder am Ende einer Unterrichtsstunde wählt jede*r Schüler*in eine Karte aus, lernt den Zungenbrecher schnell und deutlich vorzulesen, um ihn im Plenum vorzutragen. Ist er fehlerfrei vorgetragen worden, darf der*die Schüler*in seinen*ihren Namen auf die Karte schreiben.
Die Übung kann auch als Lerngruppen-Spiel ausgerichtet werden; wer zuerst alle Zungenbrecher fehlerfrei spricht, gewinnt.

Beispiel: 2./3. Lernjahr

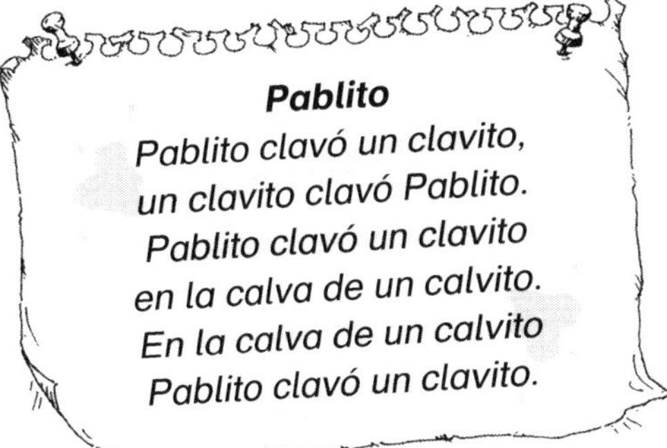

Tipp
Bei leistungsstärkeren Schüler*innen bietet es sich an, dass sie den Text nicht nur fehlerfrei vorlesen, sondern diesen memorisieren.

Variante
Statt der Zungenbrecher können auch Merksätze für Grammatik auf den Karten stehen.

Digitale Variante
Mithilfe einer Präsentation werden die Merksätze für 30 Sekunden eingeblendet. Die Schüler*innen sprechen diese im Chor mehrfach nach. Nachdem die Sätze nicht mehr zu sehen sind, notieren sie diese auf ein Blatt.

FOKUS: ÜBER SICH UND SEIN LEBENSUMFELD SPRECHEN

¿Qué talento desconocido tengo? – Hypothesen formulieren

den eigenen Charakter und die eigenen Vorlieben benennen sowie Charakter und Vorlieben von anderen vermuten

2.–4. Lernjahr

2–3 Minuten

Schilder und Schnur oder größere Aufkleber

Durchführung
Um das Thema *Los otros y yo* im Sinne des bewegten Lernens zu festigen, teilt die Lehrkraft Schilder oder alternativ größere Aufkleber aus. Jede*r Schüler*in wird aufgefordert, drei Antwortmöglichkeiten auf die folgende Frage zu geben: *¿Qué talento tienes que los otros alumnos/las otras alumnas aún no conocen? Formula tres respuestas.*
Die Schüler*innen formulieren drei Antworten, wobei zwei davon falsch sind, und notieren sie auf den Schildern bzw. Aufklebern. Anschließend befestigen sie ihr Schild mithilfe der Schnur auf ihrem Rücken bzw. kleben den Aufkleber auf ihren Rücken. Nun laufen die Schüler*innen im Raum umher und machen einen Strich hinter die Antwort, die sie für den jeweiligen Mitschüler passend halten.
Anschließend benennen einzelne Schüler*innen im Plenum, welche Antwortvariante sie für eine bestimmte Person ausgewählt haben und warum. Abschließend präsentiert jede*r Schüler*in die richtige Antwort und begründet sie.

Beispiel:

1. *Sé cocinar muy bien.*
2. *Me encanta patinar sobre hielo.*
3. *Practico el pádel.*

Tipp
Vor Beginn sollte die Lehrkraft ein Beispiel vorgeben: 1. *Bailo tango*; 2. *Camino 40 kilómetros en un solo día*; 3. *Soy entrenadora de fútbol*, die drei Antwortmöglichkeiten auf dem Schild notieren und es auf ihrem Rücken befestigen. Anschließend fordert sie eine*n Schüler*in auf, ein Talent auszuwählen und die Entscheidung zu begründen. Am Ende löst die Lehrkraft auf, welches Talent sie hat.

Digitale Variante
Pro Person können auch drei Talente anonym auf Taskcards (z. B. *https://www.taskcards.de*) geschrieben und anschließend der Klasse präsentiert werden. Die Schüler*innen wählen ein Talent aus und formulieren eine Hypothese, um wen aus der Lerngruppe es sich handeln kann.

8 ¡Describe (a)...! – Eigenschaften benennen

Wiederholung unterschiedlicher Eigenschaften, um Menschen, Tiere oder Gegenstände zu beschreiben

1.–4. Lernjahr

2–3 Minuten

Bild

Durchführung
Mithilfe eines Bildimpulses stellt die Lehrkraft den Schüler*innen die Aufgabe, passende Eigenschaften des auf dem Bild gezeigten Menschen, Tieres oder Gegenstandes zu benennen. Hierfür haben sie circa eine halbe Minute Zeit, damit die Antworten möglichst spontan formuliert werden. Nach Ablauf der Zeit stellen alle Mitglieder der Lerngruppe ihr Wort in einer Blitzlicht-Abfrage vor. Die Lehrkraft kann begleitend eine Mindmap/ein Assoziogramm mitschreiben, wodurch eine übersichtliche Zusammenstellung unterschiedlicher Ausdrücke zur Beschreibung von Eigenschaften entsteht.

Beispiel: 1. Lernjahr
¡Describe un perro!

Beispiellösung: *Un perro es un animal grande o pequeño, cariñoso, juguetón, dócil, alegre...*

Tipp
Bei leistungsschwächeren Schüler*innen bietet es sich an, dass diese ggf. aus Eigenschaften auswählen, die ihnen vorher genannt und evtl. erklärt werden.

Variante
Die Schüler*innen können ihre Ideen zu unterschiedlichen Bereichen in einem Ideenstern vorstrukturieren, z. B. für die Rollenbeschreibung einer Figur.
Der Ideenstern kann in die folgenden Bereiche unterteilt sein: *aspecto físico, rasgo característico positivo, rasgo característico negativo, lo que dicen otros/as sobre …*

Digitale Variante
Die gesammelten Begriffe können auch auf der digitalen Tafel der Schule festgehalten und anschließend gespeichert werden. So können die Begriffe auch für längere Zeit gespeichert bleiben oder an die Schüler*innen verschickt werden.
Sollten diese in der Schule nicht vorhanden sein, kann folgendes Tool dienlich sein *https://www.mindmeister.com/de.*

9 *Yo y mi mundo* – Über Vergangenes und Zukünftiges berichten

 Wiederholung der Vergangenheits-/Zukunftstempora; Wortfelder wiederholen; zusammenhängendes, monologisches Sprechen üben

 2.–4. Lernjahr

 2–3 Minuten

 Scrap-Poster (analog oder digital)

Durchführung
Vorbereitend erhalten die Schüler*innen die Aufgabenstellung, zu einem konkret formulierten Thema ein Scrap-Poster anzufertigen; dies kann entweder analog oder digital erfolgen. Ein Scrap-Poster ist aus verschiedenen Fotos, Schnipseln oder anderen Fragmenten / Materialien zusammengesetzt.
Aus der Themenstellung muss zusätzlich hervorgehen, welchen Zweck die Vorstellung des Themas verfolgt, beispielsweise die Wiederholung von *pretérito indefinido/ imperfecto/futuro*, die Wiederholung des Wortschatzbereiches *Mi familia y yo, Yo y mis gustos, Mis amigos/as y yo* etc. Die Aufgabenstellung kann für die Schüler*innen beispielsweise lauten: *Mis amigos/as y yo el verano pasado en acción* etc.
Die Schüler*innen präsentieren ihre Scrap-Poster und sprechen dazu, erklären Zusammenhänge, beschreiben Situationen und Objekte sowie die ausgewählten Fotos.

Beispiel: 2. Lernjahr
Mi familia y yo

Quelle: Avanne Troar / stock.adobe.com, MonkeyBusiness / Fotolia.com, Patrizia Tilli / Fotolia.com, Rido / Shutterstock.com, Noam / stock.adobe.com, Monkey Business Images / Shutterstock.com

Tipp

Achtung: Wenn auf den Bildern Personen zu sehen sind, müssen die Grundsätze des Datenschutzes gewahrt und dies sollte im Plenum besprochen werden!
Bei leistungsschwächeren Schüler*innen bietet es sich an, dass sie ein vorgezeichnetes Poster erhalten, in welches sie zu den entsprechenden Kategorien lediglich die Inhalte, Bilder und Objekte einfügen müssen.
Leistungsstärkere Schüler*innen können, z. B. im Rahmen einer Projektarbeit, ein analoges oder digitales Scrap-Buch anfertigen.

Digitale Variante

Das Scrap-Poster bzw. die Bilder können auch digital, z. B. mit *https://www.canva.com/en_gb/* erstellt und auf einer gemeinsamen Lernplattform eingestellt, entsprechend gemeinsam gestaltet sowie bearbeitet werden.

10 *Un tema en pocas frases* – Kurze Präsentationen vorbereiten

 freies Sprechen üben, zusammenhängendes Sprechen üben

 2.–4. Lernjahr

 2–3 Minuten

 Karteikarten

Durchführung

Die Schüler*innen erhalten jeweils eine Karteikarte. Auf diese schreiben sie eine ungewöhnliche Fragestellung oder auch ein Nonsens-Thema wie zum Beispiel: *¿Por qué deberían vivir ratones en la luna?* Sie geben die Karte an die Lehrkraft zurück, die sie mischt. Anschließend zieht jede*r Schüler*in eine Karteikarte und bereitet einen Kurzvortrag in fünf bis zehn Sätzen vor, der auf die Rückseite der Karteikarte geschrieben werden kann. Dabei soll die dreiteilige Struktur von Einleitung (ein Satz, in welchem das Thema bzw. die Fragestellung benannt wird), Hauptteil (mit jeweils drei Argumenten und/oder Beispielen) sowie einem Fazit eingehalten werden.

Beispiel: 3. Lernjahr

Vorderseite

¿Por qué deberían vivir ratones en la luna?

Rückseite

Hola, hoy voy a hablar sobre por qué deberían vivir ratones en la luna. Hay muchos argumentos por los que deberían vivir ratones en la luna. Uno es que son animales muy inteligentes. Quizás ellos aún encuentren cosas en la luna que los humanos hasta ahora no hemos encontrado. Otro argumento es que son animales muy pequeños y por eso no necesitan tanto para vivir, aunque se les debería instalar lugares de comida.
Y por último pienso que nosotros quizás también podríamos obtener más información sobre cómo los humanos podríamos quizás vivir también en la luna. En resumen, los ratones podrían hacer de investigadores para nosotros.

Tipp
Bei leistungsschwächeren Lerngruppen bietet es sich an, ein Themenbeispiel gemeinsam im Plenum zu besprechen, um zunächst die Struktur eines Kurzvortrags zu schulen. Bei leistungsstärkeren Lerngruppen können statt den Nonsens-Fragestellungen auch offene Fragen, z. B. zu einer Ganzschrift oder einem Gedicht, gestellt werden.

Digitale Variante
Die Karten können auch digital erstellt und den Lernenden per Zufallsprinzip zugewiesen werden. Mithilfe digitaler Tools können auch Lehrkräfte Fragekarten vorab erstellen. Hierfür eignet sich *https://digitaler-stuhlkreis.de/checkin.*

11 *Imágenes ocultas* – Ein Wimmelbild beschreiben

 assoziierendes sowie themenbezogenes, zusammenhängendes Sprechen

 3.–4. Lernjahr

 10–15 Minuten

 Wimmelbilder (am besten laminiert) und ggf. Fragestellungen

Durchführung
Die Schüler*innen werden in Kleingruppen aufgeteilt und erhalten ein oder mehrere Wimmelbilder (idealerweise im DIN-A4-Format und laminiert). Damit mehrere Schüler*innen zu dem Bild sprechen und unterschiedliche Perspektiven einnehmen, erhalten die Kleingruppen oder auch jede*r zu dem Bild unterschiedliche Fragestellungen. Nach einer Vorbereitungszeit werden die Schüler*innen per Zufallsprinzip ausgelost, die zur gezogenen Frage sprechen, und präsentieren ihre Antwort.

Beispiel:
¿Sobre qué hablan la madre y el niño que van andando por la calle?
Describe lo que pasa en la tienda y formula hipótesis cuál de los clientes finalmente compra algo y por qué.

Beispiellösung: *La madre y el niño*
La madre y el niño van andando por la calle de la mano. La madre sonríe y el niño también porque quizás están hablando sobre algo positivo. Mientras la madre mira hacia adelante el niño mira hacia los juguetes del escaparate. En éste se pueden ver coches, videojuegos, libros, muñecas y muchas más cosas.

Tipp
Bei leistungsschwächeren Schüler*innen oder Lerngruppen bietet es sich an, Satzanfänge als Hilfestellung für die Beantwortung der Fragen bereitzustellen.
Bei leistungsstärkeren Schüler*innen ist es möglich – wie in den Beispielen dargestellt – weiterführende Fragen zu stellen, die z. B. das Formulieren von Hypothesen beinhalten.

Digitale Variante
Die Schüler*innen können mithilfe von kostenlosen Programmen selbst Wimmelbilder erstellen. Diese werden dann nach dem Zufallsprinzip an andere Schüler*innen der Lerngruppe zugewiesen. Auch hierfür eignet sich *https://www.canva.com/en_gb/.*

12 *Me identifico con la imagen…* – Mithilfe eines Bildes sein Tagesbefinden beschreiben

 Informationen über sich geben

 2.–4. Lernjahr

 2–3 Minuten

 Collage mit unterschiedlichen Bildern oder einer Wortwolke

Durchführung
Zum Einstieg oder Ausstieg einer Unterrichtsstunde ist es ein oftmals willkommener Sprechanlass, wenn die Schüler*innen eine Collage oder eine Wortwolke als Impuls erhalten, um über ihr eigenes Befinden zu sprechen.
Jede*r Schüler*in der Lerngruppe wählt ein Bild aus der Collage oder ein Wort aus der Wortwolke und begründet, weshalb es zu seinem*ihrem heutigen Befinden passt.

Beispiel: 3. Lernjahr

¿Qué lugar te gusta visitar? ¿Con qué imagen te identificas?

Beispiellösung: *Me identifico con la foto de Barcelona porque es mi ciudad favorita. Me gustan los monumentos de la ciudad, el Park Güell y la playa. La ciudad es muy grande y siempre hay cosas nuevas que descubrir.*

Tipp

Bei leistungsschwächeren Schüler*innen bietet es sich an, die Methode schrittweise einzuüben und von vorgegebenen Satzbausteinen über Worthilfen zum freien Sprechen überzugehen.

Digitale Variante

Eine Collage bzw. Wortwolke kann natürlich auch digital erstellt werden. Bei der Collage können zwei Schüler*innen eine Collage erstellen, die dann einem anderen Tandem zugewiesen wird. Eine Wortwolke kann z. B. über *https://wordart.com/* erstellt werden. Aus dieser kann das selbst eingegebene oder ein anderes Wort ausgewählt werden, das zum eigenen Befinden passt.

FOKUS: KREATIVE SPRACHVERWENDUNG

13 *Ojos cerrados* – Wortschatz schulen und festigen

 Wortschatz festigen

 1.–4. Lernjahr

 4–5 Minuten

 ggf. Wörter vorab aussuchen; ggf. Kopiervorlage zum Thema

Durchführung
Um neuen Themenwortschatz zu schulen oder bereits eingeführten Wortschatz zu festigen, wettet die Lehrkraft zunächst auf eine Anzahl von Vokabeln, welche die Lerngruppe ihrer Meinung nach zu einem bestimmten Thema (z. B. *El piso*) wissen sollte. Hier eignet sich eine Anzahl zwischen 10–15 in der Regel gut. Dann schließen alle Schüler*innen die Augen und die Lehrkraft benennt den Oberbegriff *el piso* und nennt die Anzahl der gewetteten Begriffe, z.B. 15.
Ohne die Augen öffnen zu dürfen, zählen die Schüler*innen nun Wörter auf, die zum Themenwortschatz gehören. Fällt eine Person einer anderen ins Wort, muss wieder von vorne begonnen werden. Außerdem dürfen keine Wörter wiederholt werden.
Wenn die Lerngruppe 16 Wörter hat, gewinnt sie; andernfalls hat die Lehrkraft gewonnen. Abschließend notieren die Schüler*innen die Wörter auswendig auf einem Arbeitsblatt, auf welchem eine Wohnung beschriftet werden kann.

Tipp
Bei leistungsschwächeren Lerngruppen bietet es sich an, das Spiel erst nach mehreren Unterrichtsstunden im Sinne des Spiralcurriculums spielen zu lassen, da es eine gewisse Sicherheit im Umgang mit dem Wortschatz voraussetzt.

Variante
In den fortgeschrittenen Lernjahren kann das Spiel komplexer gespielt werden: Die Lehrkraft gibt ein Ausgangswort vor, zum Beispiel *respe**to***. Die Schüler*innen müssen dann, ausgehend von der letzten Silbe des genannten Wortes, ein weiteres Wort finden, welches zur Thematik passt, zum Beispiel ***to**lerancia*.

14 Crear un reel – Kurzfilme zu einem Thema drehen

 zusammenhängend sprechen, Wortschatz festigen, interessengeleitete landeskundliche Themen präsentieren

 2.–3. Lernjahr

 4–5 Minuten

 Handy oder Tablet

Durchführung

Jede*r Schüler*in der Lerngruppe filtert zunächst ein Thema, das ihn*sie interessiert und das einen landeskundlichen Bezug zu einem spanischsprachigen Land, einer Region oder einer Stadt hat. Da ein Reel in der Regel bis zu 90 Sekunden lang ist, wird vorab festgelegt, welche Inhalte in allen Reels enthalten sein sollen, und diese werden im Plenum besprochen.

Die Schüler*innen erhalten nun den Arbeitsauftrag, zu dem von ihnen gewählten Thema zu recherchieren und einen Ablaufplan zur Erstellung des Reels zu machen, um in Eigenverantwortung ihren Reel zu erstellen und im Sinne einer Lernbegleitung von der Lehrkraft unterstützt zu werden. Die Erstellung des Reels kann zuhause oder im Unterricht erfolgen. Gleiches gilt für die Präsentation der Produkte.

Tipp

Bei leistungsschwächeren Schüler*innen bietet es sich an, mehrere Beratungszeitpunkte zu vereinbaren, um sie unterstützend bei der Erstellung des Reels zu begleiten.
Bei leistungsstärkeren Schüler*innen können auch andere Produkte erstellt werden, z. B. ein Videobeitrag (sind in der Regel länger) oder ein Trickfilm.

15 *¡Qué no suene el timbre!* – Sekundenschnell Sätze bilden

(neuen) Wortschatz festigen, eingeführten Wortschatz wiederholen, Grammatik wiederholen (z. B. unterschiedliche Zeitformen)

1.–3. Lernjahr

3–4 Minuten

vibrierender Buzzer, Liste mit Vokabeln

Durchführung

Die Lehrkraft gibt einen vibrierenden Buzzer an die Schüler*innen weiter, die ihn reihum an die Sitznachbar*innen weiterreichen. Dies sollte möglichst schnell geschehen, da der Buzzer mittendrin zu vibrieren beginnt. Wer den Buzzer in den Händen hält, wenn er vibriert, bekommt von der Lehrkraft ein Wort/eine Phrase vorgegeben, zu dem bzw. zu der man dann einen Satz bilden muss.

So kann neuer Wortschatz gefestigt oder eingeführter Wortschatz wiederholt werden. Alternativ können Verben mit ihren Konjugationen und/oder in den unterschiedlichen Zeitformen geübt werden.

Die Übung kann auch als Spiel durchgeführt werden, indem man die Lerngruppe in zwei Gruppen aufteilt oder ein Klasse-gegen-Lehrkraft-Spiel macht.

Beispiel:

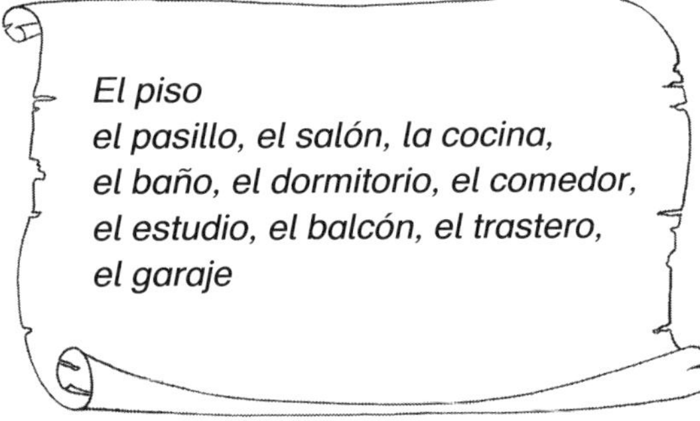

Tipp

Bei leistungsschwächeren Schüler*innen bietet es sich an, dass die Schüler*innen vorher die Möglichkeit erhalten, den Wortschatz noch einmal zu lernen.

Bei leistungsstärkeren Schüler*innen bietet es sich an, zusätzliche Vorgaben in das Spiel zu integrieren, z. B. die Verwendung bestimmter Wörter im Satz zu verbieten, jeden Satz mit einer Konjunktion beginnen zu müssen etc.

16 *Sé real* – Kreative Sprachverwendung

 über sich sprechen

 2.–4. Lernjahr

 4–5 Minuten

 Handy oder Tablet

Durchführung
Die Lehrkraft bittet zunächst jede*n Schüler*in um die Nennung einer Uhrzeit zwischen 14.00 und 19.00 Uhr, ohne den Grund für diese Frage zu nennen. Anschließend wird eine Liste erstellt, wer in der Lerngruppe seine*n Mitschüler*in an die Uhrzeit erinnert bzw. jede*r stellt sich seinen Handywecker auf die entsprechende Uhrzeit.
Jede*r Schüler*in muss zu der Uhrzeit, die er*sie angegeben hat, am Nachmittag zwei Fotos erstellen. Auf einem Foto zeigt er*sie den Ort, wo er*sie sich befindet, und auf dem zweiten Foto zeigt er*sie die Tätigkeit, die er*sie zum entsprechenden Zeitpunkt ausführt. Beide Fotos werden in der kommenden Unterrichtsstunde präsentiert.

Bei der Erklärung der Aufgabe geht es darum zu verdeutlichen, dass der Fokus der Aufgabe darin liegt, Sprache im Kontext von authentischen Bildern anzuwenden und somit möglichst authentische Kommunikationssituationen zu simulieren. Stehen den Schüler*innen keine digitalen Endgeräte zur Verfügung, können sie die Bilder alternativ zeichnen.

Beispiel:

En la primera foto estoy preparándome para un partido muy importante de baloncesto. En la segunda foto se ve la canasta que marqué yo y que le dio la victoria a mi equipo.

Tipp
Bei leistungsschwächeren Schüler*innen bietet es sich an, die Bilder vor der Präsentation zu besprechen und ggf. Vokabelhilfen zu geben.
Bei leistungsstärkeren Schüler*innen kann mehr als ein Zeitpunkt per Fotos dokumentiert werden.

17 *Mi audiolibro* – Interpretierendes Sprechen

 interpretierendes, zusammenhängendes, monologisches Sprechen

 1.–4. Lernjahr

 3–4 Minuten

 spanischsprachiges Buch

Durchführung
Die Schüler*innen dürfen einen Textausschnitt aus einem spanischsprachigen Buch – es kann auch das in der Schule eingesetzte Lehrwerk sein – auswählen und üben, diesen interpretierend vorzutragen. Jede*r Schüler*in übernimmt dabei ein Kapitel. Anschließend nehmen sie ihren Beitrag auf wie ein Hörbuch, welches in Kapitel untergliedert ist.
Das Buch kann weiterführend im Unterricht behandelt werden und das Hörbuch als auditive Textgrundlage dienen. Die Vorbereitung erfordert, dass die Schüler*innen die Besonderheiten der Betonung im Spanischen kennen, z. B. bei Fragen oder Ausrufen, und das interpretierende Lesen vorher im Unterricht geübt haben.

Tipp
Bei leistungsschwächeren Schüler*innen bietet es sich an, die Passage vorab selbst vorzulesen.
Bei leistungsstärkeren Schüler*innen bietet es sich an, dass sie ihre interpretierend zu lesende Passage durch weitere (technische) Effekte, wie zum Beispiel Hintergrundgeräusche, ergänzen.

Digitale Variante
Mithilfe des digitalen Lehrwerks können die Schüler*innen sich vorab die zu interpretierenden Textausschnitte mehrfach anhören, um sie anschließend vorzutragen. Denkbar ist auch, dass sie ihre Interpretation aufnehmen und diese anschließend passend zum jeweiligen Bild hintereinander abgespielt wird.

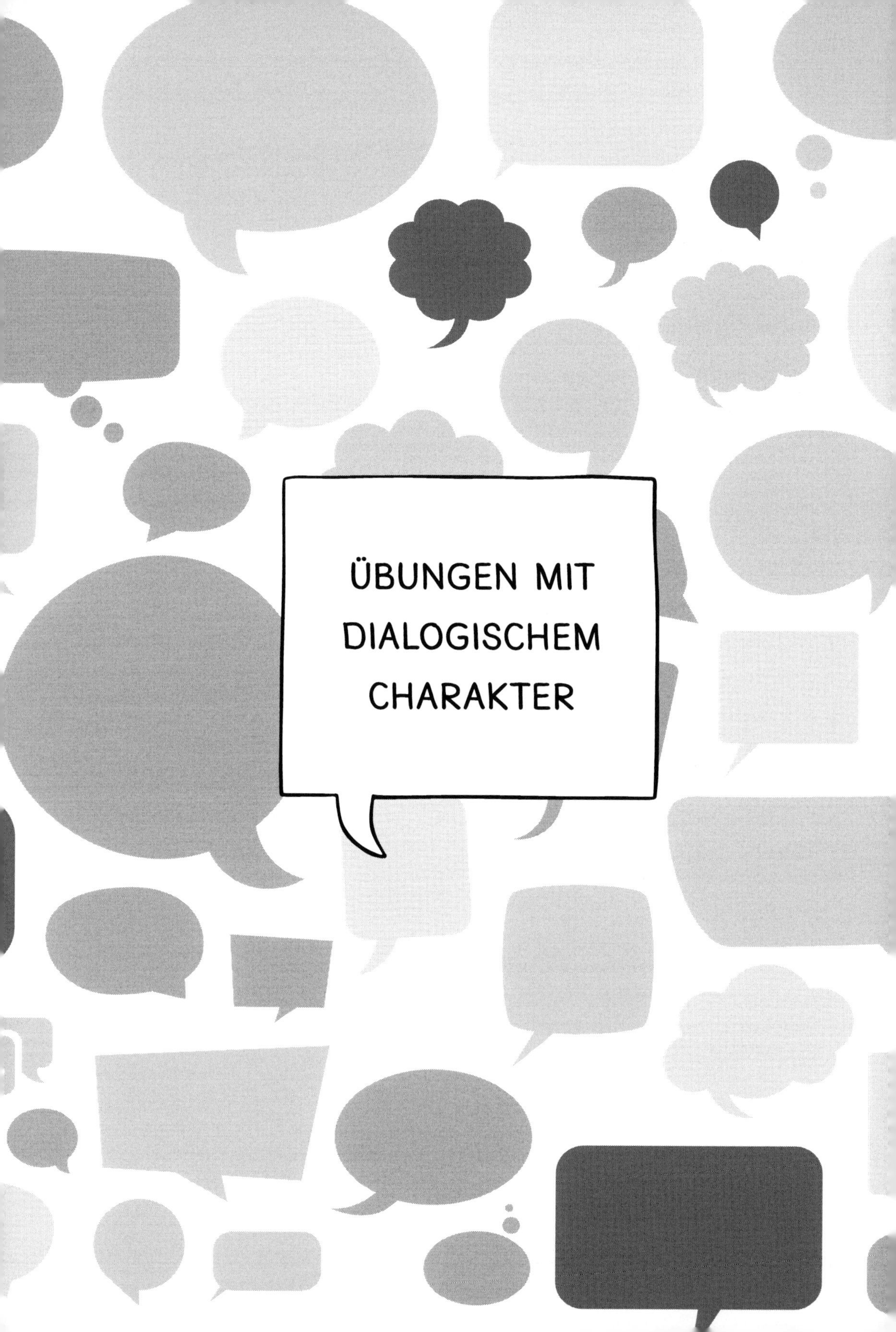
ÜBUNGEN MIT
DIALOGISCHEM
CHARAKTER

Hinweise zum Einsatz im Unterricht

Der Sprachlernprozess in einer Fremdsprache ist maßgeblich geprägt von der Kompetenz des Sprechens, die in sich wiederum das Erlernen bzw. Beherrschen diverser Kompetenzen vereint. Das Sprechen in der Zielsprache ist somit das Ergebnis der Verknüpfung und Anwendung sowie die Erweiterung zahlreicher Einzelkompetenzen. Als Beispiele seien hierfür benannt, was man als Gesprächspartner*in alles können muss, um in der Zielsprache zu interagieren: angemessen sprachlich reagieren, sprachliche Hilfestellungen leisten u. v. m. Dies ist in der eigenen Verkehrssprache bereits stellenweise eine Herausforderung und in der Zielsprache noch herausfordernder. Insofern ist es besonders wichtig, dass das Lernen niedrigschwellig bzw. spielerisch angeleitet und nicht als Hürde wahrgenommen wird, um auf diese Weise Hemmungen abzubauen, zum Sprechen in der Fremdsprache zu motivieren und das Sprechen in der Zielsprache als natürliche Handlung zu verinnerlichen.

Die Übungen in diesem Kapitel orientieren sich auch in diesem Kapitel an den drei Bausteinen „Wortschatz“, „Über sich und sein Lebensumfeld sprechen“ und „Kreative Sprachverwendung“.

Als Basis des Sprachenlernens folgen zunächst Übungen zum Wortschatz, einige davon in Kombination mit bewegtem Lernen; anschließend zum Sprechen über sich und seine Welt. Vor allem in den Sprachniveaus A1 und A2 bildet das Sprechen über die eigene Person sowie die eigene Lebenswelt einen Schwerpunkt.

Abschließend folgen noch Angebote zur „Kreativen Sprachverwendung“, welche offene Aufgaben- und somit Übungskontexte schult und fördert, sodass die Schüler*innen mehr Möglichkeiten des freien Sprechens haben.

Je nach Übung können die in diesem Kapitel enthaltenen Aufgaben sowohl zu Beginn einer Unterrichtsstunde als auch zwischendurch oder am Ende des Unterrichts eingesetzt werden. Einzelne Aufgaben können auch in Sprachprüfungen zum Einsatz kommen.

FOKUS: WORTSCHATZ UND AUSSPRACHE

1 *Yo soy…* – Festigung und Erweiterung des Wortschatzes

 freies Sprechen, neuen Wortschatz einführen und festigen

 1.–4. Lernjahr

 5–10 Minuten

 Karten mit Stern zum Beschriften, ggf. Namenskärtchen

Durchführung

Diese Übung dient zur Festigung und Erweiterung des Wortschatzes, um über sich selbst, andere Lernende oder literarische Figuren zu sprechen, sodass die Übung sowohl bei Sprachanfänger*innen als auch bei fortgeschrittenen Lernenden eingesetzt werden kann.

Die Lehrkraft bereitet Karten vor, die in der Mitte einen großflächigen Stern haben. In der Mitte des Sterns wird der eigene Name bzw. der Name der zu beschreibenden Person/Figur notiert. Insgesamt hat der Stern fünf Zacken, die jeweils beschriftet sind mit: *aspecto físico, origen, carácter, relación con…, otros aspectos interesantes.*

Die Lernenden notieren Stichpunkte, die zu den einzelnen Bereichen passen. Dabei werden bekannte Wörter zu einem Thema, zum Beispiel zur Beschreibung des Aussehens, wiederholt und gefestigt sowie neuer Wortschatz, zum Beispiel zur Beschreibung von Charaktereigenschaften, eingeführt und weiterführend kombiniert. Anschließend stellt der*die Partner*in Fragen, die mithilfe des Sterns beantwortet werden.

Beispiel:

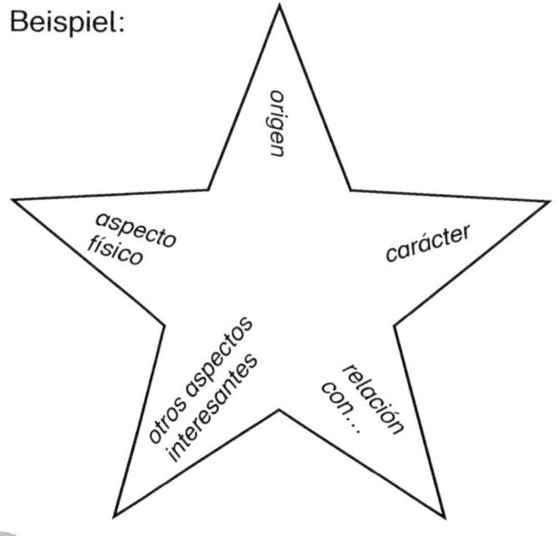

Tipp

Bei Sprachanfänger*innen bietet es sich an, wenn sie den Stern immer wieder, je nach Sprachzuwachs, ergänzen und ggf. am Ende des ersten Lernjahres präsentieren.
Bei Fortgeschrittenen kann der Stern zum Einsatz kommen, um literarische Figuren zu beschreiben bzw. kann er als Grundlage für das Verfassen einer Charakterisierung dienen.

Variante

Der Stern kann auch für Bildbeschreibungen oder für Zusammenfassungen eines Textes genutzt werden, um mithilfe von Stichpunkten strukturiert etwas wiederzugeben und die Schüler*innen somit Strukturen einüben zu lassen. Der*die Partner*in erhält den Stern ebenfalls und überprüft, ob im Vortrag alle notierten Stichpunkte enthalten sind.

2 *Tú describes y yo pinto* – Mündliche Beschreibungen in Bilder/Karten übertragen

 zusammenhängendes Sprechen, mündliche Informationen auf Bilder/Karten übertragen

 1.–4. Lernjahr

 10–20 Minuten

 AB mit Stadtkarten, Länderkarten etc.

Durchführung

Die Lerngruppe teilt sich in Tandems oder Tridems auf, wobei die Schüler*innen entweder selbst eine*n Partner*in wählen oder zufällig ausgewählt werden.
Die Schüler*innen erhalten ein Arbeitsblatt (siehe Beispiel).
Ein*e Schüler*in beschreibt nun den Weg zwischen Punkt A und B und der*die Partner*in trägt dies in eine Land- oder Stadtkarte ein. Anschließend werden die Rollen getauscht.
Im Anschluss wird mithilfe der Beschreibungen der Wege überprüft, ob die eingetragenen Wege mit den beschriebenen Wegen übereinstimmen.

Beispiel: *Las ciudades de España, 2. Lernjahr*

© Porcupen/ stock.adobe.com

En el centro del país se encuentra la capital, que se llama Madrid. En el noreste del país está Barcelona. En el norte se encuentra Bilbao, que también es la capital del País Vasco. La capital de Galicia es Santiago de Compostela. Se encuentra en el noroeste de la Península.
En el oeste se encuentra Valencia. Queda junto al Mar Mediterráneo. Si bajas la costa hasta el sur ves Málaga. Un poco más al oeste se encuentra Sevilla, que es la capital de Andalucía.

Tipp
Bei leistungsschwächeren Schüler*innen bietet es sich an, dass sogenannte Zwischenpunkte auf der Karte vorentlastend markiert werden, sodass man eine Orientierung hat, ob man noch auf dem beschriebenen Weg ist.
Bei leistungsstärkeren Schüler*innen kann die Beschreibung des Weges auf mehrere Ziele erweitert werden.

Variante I
Die Beschreibung kann auch mit einer Landkarte bzw. Länderkarte erfolgen. Bei einer Landkarte können zum Beispiel mehrere Punkte markiert sein und die Schüler*innen beschreiben, wo sich einzelne Städte befinden, indem sie deren Standort mithilfe der Himmelsrichtungen angeben. Bei Länderkarten kann dies ebenso erfolgen.

Variante II
Die Beschreibung der Schüler*innen kann auch eine Fantasiewelt sein, welche der*die zuhörende Schüler*in zeichnen soll.

Digitale Variante
Die Schüler*innen diktieren individuell die Wegbeschreibung und diese wird auf einer Städte-/Landkarte nachgezeichnet bzw. erstellt. Ein Tool, das auch eine Spracheingabe-Funktion hat und daraus eine Landkarte erstellen kann, ist z. B. die App Google Maps. Vorab sollten jedoch die Spracheinstellungen des mobilen Endgeräts um Spanisch ergänzt werden.

3 *Una imagen produce 1000 palabras* – Bildimpulse als Dialoggrundlage nutzen

 vom Bild zum Dialog, dialogisches Sprechen zu einem spezifischen Thema

 3.–4. Lernjahr

 5–10 Minuten

 laminierte Bilder zu einem Thema

Durchführung
Die Lehrkraft legt Bilder zu einem Thema aus, z. B. *Las vacaciones*, und formuliert den folgenden Arbeitsauftrag: *Elegid una imagen y mantened una conversación sobre los siguientes temas:*

* *¿Qué lugar de vacaciones se ve en la imagen?*
* *¿Qué (no) os gusta de ese lugar?*
* *¿Os gustaría pasar ahí las vacaciones? ¿Por qué (no)?*
* *¡Preguntad a vuestro compañero/vuestra compañera dónde le gusta pasar las vacaciones y por qué! ¿Con quién le gusta pasar las vacaciones? ¿A qué tipo de lugares le gusta viajar normalmente?*

Anschließend tragen die Paare ihren Dialog vor der Lerngruppe vor.

Tipp
Bei leistungsschwächeren Schüler*innen bietet es sich an, auf die Rückseite der Karten Satzanfänge zu notieren oder ggf. einen Gesprächsleitfaden, damit sie den Dialog flüssiger vortragen können. Bei leistungsstärkeren Schüler*innen bietet es sich an, dass die Karten sogenannte Bildcollagen sind, sodass mehrere Aspekte des Themas

angesprochen werden, z. B. auch, welche Konsequenzen der Tourismus für Länder/ Landschaften etc. haben kann.

Digitale Variante
Statt Bilder auszulegen, kann die Lehrkraft die Schüler*innen auch motivieren, ein digitales Fotobuch ihrer Ferien(-erlebnisse) zu erstellen und dieses anschließend vorzustellen. Hierfür kann Google Slides (*https://www.google.com/slides*) genutzt werden.

Los huevos sorpresa – Überraschungsthemen für Spontandialoge

 Wortfamilien suchen und Wortkombinationen üben

 1.–4. Lernjahr

 1–2 Minuten

 Überraschungsei-Dosen mit Ausgangswort

Durchführung
Um Wortfamilien zu schulen und zu erweitern sowie das Bilden von Wortkombinationen zu üben und zu festigen, erhalten jeweils zwei oder drei Schüler*innen eine Überraschungsei-Dose. Darin befindet sich ein sogenanntes Ausgangswort. Zu diesem müssen sie möglichst viele Wörter der Wortfamilie finden. Die Lehrkraft kann eine Zeit vorgeben. Ist die Zeit abgelaufen, zählen die Schüler*innen ihre Wörter auf. In höheren Lernjahren kann das Spiel auf das Finden von Wortkombinationen ausgeweitet werden.

Beispiel:

> Ausgangswort: *hablar*, 4. Lernjahr:
> *hablador, hablante, malhablado, castellanohablante, el habla*

Tipp
Bei leistungsschwächeren Schüler*innen bietet es sich an, dass sie passend zum Wort Hilfestellungen erhalten, z.B. Kärtchen mit unterschiedlichen Präfixen oder Suffixen. Bei leistungsstärkeren Schüler*innen kann weiterführend die Aufgabe gegeben werden, mit den gefundenen Wörtern Sätze zu bilden.

FOKUS: ALLTAGSKOMMUNIKATION

5 *Titulares de la semana – Alltagsgespräche simulieren*

 freies Sprechen

 3.–4. Lernjahr

 1–2 Minuten

 Schlagzeilen der Tagespresse als Papierschnipsel

Durchführung

Die Lehrkraft sammelt über die Woche Schlagzeilen der Tagespresse, z. B. zu sportlichen Ereignissen, Wahlen oder besonderen Gegebenheiten in einem spanischsprachigen Land. Diese werden den Schüler*innen ausgeteilt und sie unterhalten sich circa eine Minute über das Thema. Im Gespräch gehen sie darauf ein, ob sie von der Schlagzeile wussten, was ihre persönliche Meinung dazu ist und inwiefern das Thema weiterhin aktuell sein wird oder nicht.
Anschließend können sie ihr besprochenes Thema im Plenum präsentieren und die Lerngruppe kann ggf. noch Aspekte ergänzen.

Beispiel: *España gana a Alemania 28:26*, 3. Lernjahr

Mundiales de balonmano: El equipo español se opone a los alemanes en los últimos dos minutos.

Tipp

Bei leistungsschwächeren Schüler*innen bietet es sich an, dass sie einen sogenannten Gesprächsleitfaden erhalten, um das Gespräch in der vorgegebenen Zeit führen zu können.
Bei leistungsstärkeren Schüler*innen kann die Aufgabenstellung ergänzt werden, dass sie noch Hypothesen zum weiteren Verlauf des Turniers (für unser Beispiel) formulieren.

Variante

Diese Aufgabe eignet sich auch für den bilingualen Unterricht bzw. ein bilinguales Projekt oder auch in einer digitalen Unterrichtseinheit zum Umgang mit aktuellen Pressetexten. Hier erhalten die Schüler*innen die Aufgabe, eine Woche lang Schlagzeilen auf Spanisch zu sammeln, die in Bezug zu einem bestimmten Thema stehen.
Diese kleben sie auf ein Plakat oder gestalten ein digitales Plakat und stellen zu Beginn der Folgewoche einen kleinen Pressespiegel zum Thema im Plenum vor.

6 *Pong de palabras – Spontane Interviews*

 dialogisches freies Sprechen

 2.–4. Lernjahr

 5–10 Minuten

 Plastikbecher mit Zahlen, Karten mit Stichpunkten, Tischtennisball, Zeitmesser

Durchführung

Bei dieser Übung spielen zwei Gruppen gegeneinander. Für das Spiel werden auf zwei Tischen jeweils sechs bis zehn Becher aufgestellt. Auf deren Unterseite sind Sekundenzahlen zwischen 30 und 180 notiert. Neben den Bechern liegen Karten mit Stichpunkten, die als Ausgangspunkt für ein spontanes Interview dienen sollen.
Ein*e Schüler*in von Team A wirft den Ball in einen Becher von Team B. Der Becher wird umgedreht und Team B zieht das erste Stichwort.
Anschließend beginnt ein vorher festgelegtes Interviewpaar von Team B das Interview, das mindestens so lange sein soll, wie die Vorgabe der Sekundenzahl vom Becherboden. Ist der Dialog kürzer als die vorgegebene Zeit, erhält das Gegenteam die Zahl. Wird die im Becher vorgegebene Zeit erreicht bzw. ist das Interview länger, dann erhält Team B den Punkt.
In der Folgerunde wird getauscht und Team A muss ein Interview präsentieren.
In großen Lerngruppen können selbstverständlich mehr Teams gebildet werden.
Gewonnen hat, wer am Ende der Gesamtspielzeit die meisten Punkte hat.

Beispiel: 2./3. Lernjahr
Ayer, Mañana, El año pasado, La semana que viene…

Tipp
Bei leistungsschwächeren Schüler*innen bietet es sich an, dass sie einen sogenannten Gesprächsleitfaden erhalten, um das Gespräch in der vorgegebenen Zeit führen zu können. Bei leistungsstärkeren Schüler*innen können farbige Becher dazu dienen, weitere Aufgabenteile zu ergänzen. So müssen z. B. bei einem roten Becher bestimmte Wortgruppen (Adjektive, Präpositionen etc.) im Dialog vorkommen.

7 *Una charla con ChatGPT* – KI als Dialogpartner*in

 dialogisches freies Sprechen

 2.–4. Lernjahr

 3–5 Minuten

 Karten mit Themen

Durchführung
Jedes Dialogpaar erhält ein Thema auf einer Karte. Der*die Partner*in, welche*r der „KI" dazu Fragen stellen soll, notiert sich Stichpunkte dazu. Der*die Partner*in, welche*r die KI imitiert, antizipiert mögliche Fragen und macht sich Stichpunkte zu deren Beantwortung.
Im Plenum interpretieren die Partner das Frage-Antwort-Gespräch.

Beispiel: 1. Lernjahr
¿Qué actividades le gusta hacer a la IA (Inteligencia Artificial)?

Tipp
Bei leistungsschwächeren Schüler*innen bietet es sich an, dass ihnen Bildkarten (z. B. zu Freizeitaktivitäten) zur Verfügung gestellt werden.
Bei leistungsstärkeren Schüler*innen können die Fragestellungen komplexer gestaltet werden, für unser Beispiel, indem Aktivitäten genannt werden müssen, wenn die KI einen Körper hat oder Aktivitäten für eine KI ohne Körper.

Variante
Selbstverständlich kann das Gespräch auch mit einer richtigen KI simuliert werden und die Schüler*innen präsentieren anschließend, wie diese auf ihre Fragen geantwortet hat. In diesem Fall sollten die Schüler*innen wissen, wie man die indirekte Rede im Spanischen bildet.

FOKUS: ROLLENSPIELE

8 *¿Quién es el paciente?* – Personen beschreiben und erkennen

 dialogisches Sprechen, Anwendung von Themenwortschatz im Dialog

 1.–3. Lernjahr

 1–2 Minuten

 Bilder von Menschen, die sich ein Körperteil verletzt haben, oder Warteraum mit Patienten

Durchführung
Die Lehrkraft unterteilt die Lerngruppe in mehrere Tandems. Ein*e Spieler*in ist *el doctor Quienes/la doctora Quienes*. Der*die andere Spieler*in ist der*die Assistent*in. Fragend muss erraten werden, welche*r Patient*in als Nächstes versorgt wird. Insgesamt sind nur sechs Fragen pro Runde erlaubt. Anschließend wird getauscht. Wer am Ende des Spiels die meisten Karten hat, gewinnt.

Beispiel: *¿Quién es?*, 1. Lernjahr
El/la asistente: ¿La persona es femenina, masculina o tercer género?
*El/la doctor*a Quienes: Se trata de una mujer.*
El/la asistente: ¿Le duele la cabeza?
*El/la doctor*a Quienes: No.*

Tipp
Bei leistungsschwächeren Schüler*innen bietet es sich an, als Hilfestellung eine Vokabelliste mit Körperteilen auszugeben.
Bei leistungsstärkeren Schüler*innen können weitere Fragemöglichkeiten eingeführt werden: Für unser Beispiel kann auch nach der Kleidung gefragt werden.Es sollten aber dennoch nur sechs Fragen gestellt werden.

Variante
Diese Aufgabe eignet sich auch für ein Lerngruppen-Spiel, bei welchem die Lerngruppe die Personen im Wartezimmer simuliert und jede*r Schüler*in eine Karte erhält, auf welcher steht, welche Schmerzen er*sie hat, wie er*sie schauen, sich bewegen muss etc.

9 *Charlando con tu compañero/a de intercambio* – Kennenlerngespräche üben

 alltägliche Situationen und Gesprächshandlungen üben

 1.–4. Lernjahr

 5–10 Minuten

 zwei Papprahmen, ggf. Handys oder Tablets

Durchführung
Bei dieser Übung wird ein Kennenlerngespräch simuliert. Hierfür können vorab zwei Papprahmen gebastelt werden, um den „Rahmen" eines Videoanrufs auch gestalterisch zu simulieren. Alternativ werden authentische Videoanrufe über Handy oder Tablet gemacht.
Vorbereitend überlegt jede*r Schüler*in, was er*sie über sich berichten möchte und gleichzeitig, welche Fragen er*sie an den*die unbekannte*n Austauschpartner*in hat. Das Kennenlerngespräch kann zeitlich begrenzt werden oder auch mit dem zeitlichen Ziel ausgewiesen sein, dass es mindestens eine bis zwei Minuten umfassen soll.

Beispiel: 1./2. Lernjahr
Informationen zu sich selbst bzw. Fragen stellen kann man zu:
- Name
- Alter
- Wohnort
- Schule
- Familie
- Freunde
- Freizeitaktivitäten
- Vorlieben zum Essen

Tipp
Bei leistungsschwächeren Schüler*innen bietet es sich an, dass sie einen sogenannten Gesprächsleitfaden erhalten, um das Gespräch entsprechend lange führen zu können. Bei leistungsstärkeren Schüler*innen können weitere Gesprächskomponenten eingeführt werden, z. B. wie der Plan für eine gemeinsame Woche sein könnte.

Variante
Sprachmittlungsübungen haben oftmals das Gespräch mit imaginären Austauschpartner*innen als Rahmenhandlung. Die Übung kann auch im Zusammenhang mit einer Sprachmittlungsaufgabe mündlich statt schriftlich bearbeitet werden.

Digitale Variante
Über das EU-Programm eTwinnings, welches von *KMK-pad.org* angeboten wird, können Lerngruppen teilnehmender Partnerschulen die Kennenlerngespräche auch digital und authentisch durchführen.
Hierfür eignet sich die oben genannte Übung jedoch als Vorentlastung, um die Nervosität in der realen Situation abzubauen und Hemmungen zu nehmen.

10 *Citas rápidas* – Fragen stellen, ins Gespräch kommen

 Fragen stellen, um eine Entscheidung treffen zu können

 1.–4. Lernjahr

 3–5 Minuten

 Rollenkarten

Durchführung
Jede*r Schüler*in erhält eine Rollenkarte. Darauf sind unterschiedliche Merkmale der einzunehmenden Rolle annotiert, z. B. Name, Alter, Interessen. Außerdem überlegt sich die Lehrkraft das Thema, zu dem Dialoge geführt werden sollen.
Die Schüler*innen lesen ihre Rollenkarten aufmerksam und ergänzen noch weitere Merkmale.
Anschließend werden zwei Stuhlreihen einander gegenübergestellt. Immer zwei Schüler*innen setzen sich gegenüber, bilden ein Dialogpaar und sprechen in den ihnen zugewiesenen Rollen über ein Thema, das die Lehrkraft nennt. Nach circa einer Minute rutschen die Schüler*innen einer Reihe einen Platz weiter und führen das Gespräch erneut mit dem*der neuen Partner*in. Dies kann circa zweimal wiederholt werden.
Abschließend entscheidet sich jede*r Schüler*in für eine*n der erlebten Rollenpartner*innen.

Beispiel: 2. Lernjahr
Tema: ¿Con quién quieres pasar tu tiempo libre?

Persona A	***Persona B***	***Persona C***
* *Mateo, 13 años* * *le gusta leer cómics* * *es un chico interesante* * *sus amigos/as son tranquilos/as*	* *Paul, 12 años* * *le gusta jugar a videojuegos* * *es un chico simpático* * *sus amigos/as son traviesos/as*	* *Mona, 13 años* * *le gusta salir con amigos/as* * *es una chica tranquila* * *sus amigos/as son alegres*

Tipp
Bei leistungsschwächeren Schüler*innen bietet es sich an, Satzbauhilfen zur Verfügung zu stellen. Bei leistungsstärkeren Schüler*innen können die Fragestellungen komplexer gestaltet werden, z. B. indem sie ihre Wahl begründen müssen, nachdem sie eine*n Rollenpartner*in ausgewählt haben.

FOKUS: KREATIVITÄT

11 *Ángeles y demonios* – Argumente versprachlichen

 dialogisches Sprechen, argumentieren

 2.–4. Lernjahr

 5–10 Minuten

 Karten mit verschiedenen Themen oder ggf. provokante Schlagzeilen-Ausschnitte

Durchführung
Die Lehrkraft unterteilt die Lerngruppe in mehrere Tridems. Eine Person übernimmt die Rolle des Engels, eine die des Teufels und eine die der Waage.
Das zu diskutierende Thema kann entweder eines für die ganze Lerngruppe sein; alternativ können zu einem Thema Unterthemen verteilt werden oder jedes Tridem diskutiert über ein ganz unterschiedliches Thema.

In der Rolle des Engels dürfen nur positive Argumente zum Thema genannt werden; in der Rolle des Teufels sollen nur negative Argumente aufgeführt werden und die Waage wägt abschließend die genannten Argumente ab und entscheidet sich für oder gegen eine Haltung zur Fragestellung, die zu begründen ist.

Beispiel: *La ecología es sólo un tema para jóvenes*, 4. Lernjahr

Tipp

Bei leistungsschwächeren Schüler*innen bietet es sich an, dass sie vor Beginn der Redezeit in Ruhe Argumente für ihre jeweilige Rolle in Stichpunkten notieren dürfen. Die Waage darf Argumente beider Rollen antizipieren.
Bei leistungsstärkeren Schüler*innen können differenzierendere Fragemöglichkeiten eingeführt werden, zum Beispiel, indem noch eine weitere Schlagzeile ergänzt wird. Für unser Beispiel könnte das sein: *Ellos son los únicos a los que concierne el futuro.*

Variante

Diese Aufgabe eignet sich auch für ein Lerngruppen-Spiel, bei welchem die Lerngruppe in zwei Gruppen aus Engeln und Teufeln unterteilt wird. Die Waage wägt auch hier die Argumente ab und entscheidet sich für eine Seite, wobei sie zusätzlich pro Argument einen Punkt für eine Seite vergibt. Das Lernspiel kann über mehrere Unterrichtsstunden weitergeführt werden kann.

12 *Doblar un Reel* – Interpretierendes Sprechen üben

dialogisches Sprechen, situativ angemessene Sprachregister verwenden, interpretierendes Sprechen üben

1.–4. Lernjahr

5–15 Minuten

digitale Tafel, Handys oder Tablets, ausgewählte Reels

Durchführung

Bei dieser Übung wird der Lerngruppe entweder vor Beginn der Übung ein Reel gezeigt, das die Lehrkraft ausgewählt hat, oder die Lerngruppe kann selbst eines zu einem vorgegebenen Thema, zum Beispiel „Barcelona“, auswählen. Wichtig ist, dass der Reel einen Dialog zeigt, sodass er mit verschiedenen Rollen synchronisiert werden kann, und die Anzahl der vorkommenden Personen mit der Größe der Kleingruppen übereinstimmt.

Die Lehrkraft teilt anschließend die Lerngruppe in Tandems oder in Kleingruppen auf und stellt die Anforderungen der Aufgabe dar: Alle Schüler*innen müssen sich an der Synchronisierung des Reels beteiligen und sprechen. Außerdem muss das Gesprochene natürlich zum Inhalt des Reels passen.
Nach einer Arbeitsphase von circa fünf Minuten, in der sich die Schüler*innen auch Notizen machen können, stellen die Tandems oder Kleingruppen das synchronisierte Reel im Plenum vor.

Tipp
Bei leistungsschwächeren Schüler*innen bietet es sich an, dass sie einen Reel erhalten, der ihrem sprachlichen Leistungsniveau entspricht. Ggf. ergänzen sie nur einzelne Teile des zu sehenden Dialogs. Bei leistungsstärkeren Schüler*innen können längere Filmsequenzen synchronisiert werden, zum Beispiel ein Video-Podcast.

13 *Hacer un rompecabezas a ciegas* – Anweisungen geben

 dialogisches Sprechen, freies Sprechen

 2.–3. Lernjahr

 2–5 Minuten

 Puzzles, Tuch zum Augenverbinden

Durchführung
Die Lerngruppe wird zunächst in Kleingruppen bis zu vier Schüler*innen unterteilt. Einem Gruppenmitglied werden die Augen verbunden, sodass es das zu legende Puzzle nicht sieht. Jede*r Schüler*in gibt im Wechsel eine Anweisung, wie die Puzzleteile zusammenzufügen sind. Die Gruppe, die als Erstes das Puzzle gelegt hat, gewinnt.

Tipp
Bei leistungsschwächeren Schüler*innen bietet es sich an, dass sie Sprachhilfen erhalten, um ihre Anweisungen formulieren zu können.
Bei leistungsstärkeren Schüler*innen können Puzzles mit mehr Teilen ausgegeben werden.

Variante
Während das Puzzle gelegt wird, müssen die Schüler*innen, die nicht sprechen, Stichpunkte notieren, damit sie das auf dem Puzzle zu sehende Bild im Sinne einer Bildbeschreibung anschließend beschreiben können.

ÜBUNGEN
IM TEAM

Hinweise zum Einsatz im Unterricht

Sprechen die Schüler*innen im Plenum, handelt es sich dabei oftmals um einzelne monologische Äußerungen. Dies entspricht natürlich nicht einer authentischen Gesprächssituation, die sich meist dialogisch und vor allem zusammenhängend vollzieht. Insofern ist es nicht ausreichend, Informationen über sich und andere geben zu können, sondern es bedarf vieler weiterer Kompetenzen, zum Beispiel, dass Inhalt und Absicht eines Redebeitrags verständlich sind, weil der*die Sprecher*in diese grammatisch (weitgehend) korrekt formuliert hat.

Um dies zu üben, werden in diesem Kapitel die wichtigsten grammatischen Themen wiederholt, die für ein zusammenhängendes Gespräch von Bedeutung sind.

Des Weiteren beinhaltet dieses Kapitel Aufgaben zur kreativen Sprachverwendung im Plenum sowie das Erzählen vor einer Lerngruppe als wichtigen Baustein des Spracherwerbs.

Wenn sich Schüler*innen im Unterricht individuell äußern und dies nur ein Beitrag innerhalb einer größeren kommunikativen Handlung ist, dann nimmt dies im Unterricht mehr Zeit ein als zusammenhängende monologische oder dialogische Sprach- und Sprechübungen. Dennoch sind sie von Bedeutung, da in einem authentischen Gespräch in einer größeren Gruppe auch diese Redebeiträge häufig vorkommen.

Manche der folgenden Übungen müssen vorbereitet werden, sodass dies bei der Planung zur Durchführung berücksichtigt sein sollte.

FOKUS: WORTSCHATZ

1 *Tetera de palabras* – Mehrdeutigkeit von Wörtern üben

 Wortschatz umwälzen

 1.–4. Lernjahr

 3–5 Minuten

 Wortkarten in einem Beutel

Durchführung
Die Übung dient zur Festigung von (thematischem) Wortschatz und kann als Spiel im Unterricht durchgeführt werden.
Die Lehrkraft bereitet Wortkarten mit spanischen Teekesselwörtern vor.
Jede*r Schüler*in zieht eine Wortkarte und nennt innerhalb einer vorgegebenen Zeit unterschiedliche Wortbedeutungen. Insgesamt zieht jede*r Schüler*in bis zu fünf Wortkarten und trägt anschließend alle Lösungen, die er*sie gefunden hat, laut vor. Wer die meisten Wortbedeutungen gefunden hat, gewinnt das Spiel.

Beispiel:
mujer (Frau, Ehefrau, (*¡Mujer, no te pongas así!* Mensch, stell dich nicht so an!), *sierra* (Säge, Gebirge), *las esposas* (die Ehefrauen, die Handschellen), *banco* (Sitzbank, Bank), *niño* (Junge, Kind), *bolsa* (Tüte, Sack, Börse)

Tipp
Im Sinne der Differenzierung können leistungsstärkere Schüler*innen zu den Teekesselwörtern noch passende Redewendungen ergänzen.

Digitale Variante
In einem digitalen Raum können die Schüler*innen das Spiel als Tandems auch gegeneinander spielen. Die Wortkarte erscheint auf dem Bildschirm. Eine*r diktiert die gefundenen Wörter und der*die andere tippt diese ein. Abschließend kann das gesamte Panel auf der digitalen Tafel abgebildet und verglichen werden.

2 *Mímica – Gefühle ausdrücken*

 Wiederholung unterschiedlicher Gefühlsausdrücke

 1.–4. Lernjahr

 5–10 Minuten

 Bildkarten von Gesichtern mit unterschiedlichen Emotionen

Durchführung
Die Lehrkraft teilt Bildkarten mit Gesichtern aus, die unterschiedliche Emotionen zeigen. Anschließend beschreibt jede*r Schüler*in mit so vielen Adjektiven und feststehenden Ausdrücken wie möglich seine Bildkarte, um dieses Vokabular zu wiederholen und zu festigen.
Im Plenum trägt er*sie die Ergebnisse vor: Die Lerngruppe kann noch weitere Möglichkeiten zur Beschreibung ergänzen.

Beispiel:

furioso → estar furioso/a → ponerse furioso/a...

Tipp
Im Sinne der Differenzierung können leistungsschwächere Schüler*innen die Aufgabe schrittweise bearbeiten, indem sie zunächst nur Adjektive finden müssen und anschließend im Plenum die feststehenden Ausdrücke gemeinsam gefunden werden. Leistungsstärkere Schüler*innen können dazu aufgefordert werden, eine (Mindest-)Anzahl von Redewendungen zu finden.

Digitale Variante
Per Suchmaschine sucht ein*e Partner*in Bilder mit Gesichtern aus und der*die andere Partner*in beschreibt diese.

3 *A ciegas* – Vokabeln fühlend festigen

 Wiederholung und Festigung von Themenwortschatz

 1.–4. Lernjahr

 1–3 Minuten

 Liste mit Themenwortschatz, Kiste befüllt mit Gegenständen und zwei Löchern an den Seiten, um die Hände reinstecken zu können

Durchführung
Die Lehrkraft teilt vor Beginn der Übung, idealerweise in den vorherigen Unterrichtsstunden, eine Liste mit dem Themenwortschatz aus bzw. benennt die zu lernenden Vokabeln im Unterrichtslehrwerk. Die Lehrkraft bereitet eine Kiste vor und befüllt sie mit Gegenständen zum Themenwortschatz. Die Kiste hat zwei Löcher an den Seiten, um die Hände hineinstecken zu können.
Vor Beginn werden die Regeln des Spiels erklärt. Die Lerngruppe wird in Gruppen unterteilt und jede*r Schüler*in darf circa zehn Sekunden in der Kiste fühlen. Anschließend sagt er*sie alle Gegenstände auf, die er*sie sich merken konnte.
Die Gruppe, welche die meisten Gegenstände benennen kann, gewinnt das Spiel.

Beispiel: *El colegio*, 1. Lernjahr

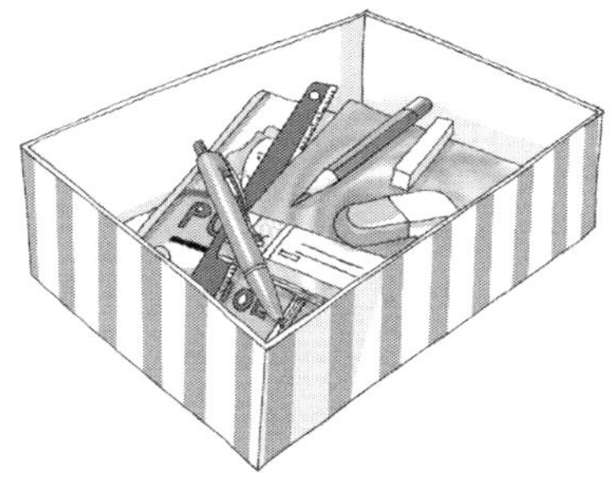

Tipp
Im Sinne der Differenzierung können leistungsschwächere Schüler*innen den Themenwortschatz vor Beginn des Spiels noch einmal bis zu fünf Minuten wiederholen. Leistungsstärkere Schüler*innen können auch Gegenstände in die Kiste gelegt bekommen, die nicht zum Themenwortschatz gehören, zum Beispiel beim Themenwortschatz *El colegio* Watte, Korken etc.

4 *Yo empiezo, tú sigues* – Vokabeln in Satzketten einbetten

 Wortschatz zusammenhängend üben

 1.–4. Lernjahr

 1–3 Minuten

 Liste mit Themenwortschatz

Durchführung

Die Lehrkraft teilt vor Beginn der Übung, idealerweise in den vorherigen Unterrichtsstunden, eine Liste mit dem Themenwortschatz aus bzw. benennt die zu lernenden Vokabeln im Unterrichtslehrwerk.

Vor Beginn werden die Regeln des Spiels erklärt. Die Lehrkraft gibt dem*der ersten Schüler*in eine Vokabel vor. Mit dieser Vokabel bildet er*sie einen Satz. Anschließend folgt die zweite Vokabel und der*die nächste Schüler*in bildet einen Satz, der inhaltlich an den vorherigen anknüpfen sollte.

Beispiel: *Describir el camino*, 2. Lernjahr
Vokabel 1: *a la izquierda* → *Primero gira a la izquierda.*
Vokabel 2: *a la derecha* → *Después gira en la segunda calle a la izquierda.*

Tipp

Im Sinne der Differenzierung können leistungsschwächere Schüler*innen den Themenwortschatz vor Beginn des Spiels noch einmal bis zu fünf Minuten wiederholen. Leistungsstärkere Schüler*innen können auch unterschiedliche Satzanfänge erhalten, die alle eingebracht werden müssen.

Digitale Variante

Digitale Themenwortschätze können in Tools eingegeben werden und eine Vokabel erscheint per Zufallsprinzip bei dem*der Schüler*in, welche*r einen Satz bilden muss. Folgendes Tool ist hierfür sehr nützlich *https://digitaler-stuhlkreis.de.*

5 *Cuatro esquinas* – Wortschatzwiederholung mit Wettbewerbscharakter

 Wiederholung von Wortschatz

 1.–4. Lernjahr

 1–3 Minuten

 –

Durchführung
Anstatt einen Vokabeltest über den zu lernenden Themenwortschatz zu schreiben, lohnt es sich, gelegentlich die Lerngruppen mit einem Ersatzspiel zu überraschen. In der Lerngruppe werden vier bis fünf Schüler*innen ausgewählt, die den Unterrichtsraum verlassen. Der Rest der Lerngruppe wird aufgefordert, drei der zu lernenden Vokabeln mit Übersetzung zu notieren. Anschließend dürfen die anderen Schüler*innen wieder in den Unterrichtsraum kommen und sich in eine Ecke des Raumes stellen. Die erste Vokabel wird genannt. Wer von den Schüler*innen in der Ecke zuerst ihre Übersetzung korrekt nennt, darf eine Ecke weitergehen. Wer die Vokabel nicht richtig sagt, muss in der Ecke stehen bleiben und darf nicht weitergehen. Sieger*in ist, wer als Erstes wieder am Startpunkt ankommt.

Beispiel: *Un intercambio*, 3. Lernjahr

Tipp
Im Sinne der Differenzierung bietet es sich bei leistungsstärkeren Lerngruppen an, dass die Schüler*innen der ganzen Klasse mit den genannten Wörtern zusätzlich Sätze bilden. Hier sollte jedoch nicht in den Raum reingerufen werden dürfen, sondern es wird aufgerufen, wer sich als Erstes gemeldet hat.

6 *Gana susurrando* – Bewegt Wortfelder wiederholen

 Wiederholung und Festigung von Wortschatz

 1.–4. Lernjahr

 1–3 Minuten

 Wortliste zu Themenwortschatz, passende Bildkarten

Durchführung
Diese Wiederholung bzw. Festigung von Themenwortschatz eignet sich gut als Spiel mit Wettbewerbscharakter und wird selbst in höheren Jahrgängen als Einstieg gerne gespielt. Die Lerngruppe wird hierfür nach Möglichkeit in zwei gleich leistungsstarke Teams unterteilt. Beide Teams stellen sich hintereinander in je einer Reihe auf. Vor dem*der vordersten Spieler*in liegen zahlreiche Bildkarten. Sofern die Lerngruppe eine ungerade Anzahl von Lernenden hat, kann ein*e Schüler*in die Aufgabe des*der Flüsterers*in übernehmen; andernfalls flüstert die Lehrkraft den beiden letzten Schüler*innen der Reihe ein Wort ins Ohr, das von Schüler*in zu Schüler*in weitergeflüstert werden muss. Sobald das Wort bei dem*der vorne stehenden Schüler*in angekommen ist, hebt diese*r schnellstmöglich die passende Bildkarte zum Wort auf. Anschließend rückt der*die zweite Spieler*in auf die erste Position und der*die erste Spieler*in geht auf die letzte Position. Gewonnen hat die Gruppe, die am Ende die meisten Bildkarten passend gefunden hat.

Beispiel: *Conservar el medio ambiente limpio y saludable*, 3./4. Lernjahr

Tipp
Im Sinne der Differenzierung bietet es sich bei leistungsstärkeren Lerngruppen an, dass die Schüler*innen mit den genannten Wörtern Sätze bilden und diese auf einen vorne liegenden Zettel schreiben. Einen Punkt gibt es pro Bildkarte und einen weiteren Punkt für einen richtigen Satz.

Variante
Das Spiel kann auch mit Gegenständen statt Bildkarten gespielt werden, die an einen bestimmten Ort im Unterrichtsraum getragen werden müssen. Auf diese Weise können auch adverbiale Bestimmungen des Ortes wiederholt bzw. gefestigt werden. Beispiel: *Lleva el libro a la mesa de la profe.* Pro Gegenstand und richtigem Ablageort erhalten die Gruppen einen Punkt.

FOKUS: SATZBILDUNG UND ERZÄHLEN

7 *Tres, cinco o más sillas – Sätze bilden*

 Satzstellung üben

 1.–2. Lernjahr

 5–7 Minuten

 Stühle und Wortkärtchen mit verschiedenen Wortarten

Durchführung
Der Satzbau spanischer Sätze ist für die Schüler*innen gelegentlich eine Herausforderung. Aus diesem Grund ist das spielerische Üben des Satzbaus nicht nur eine willkommene Abwechslung, sondern spricht die Schüler*innen auch noch einmal auf eine andere Weise an.
Vorne werden mehrere Stühle aufgestellt. Jede*r Schüler*in wählt aus einem Stapel mit unterschiedlichen Wörtern eine Karte aus. Die Lehrkraft stellt sechs Stühle in eine Reihe und ruft: „*Una frase con seis palabras.*“ Der*die erste Schüler*in mit beispielsweise einer „Pronomenkarte“ rennt zum ersten Stuhl und ruft „*Mi*“. Ein*e Schüler*in mit einem Nomen kann sich nun auf den nächsten Stuhl setzen und das Nomen ergänzen usw. Setzt sich ein*e Schüler*in fälschlicherweise auf den Stuhl, muss er*sie wieder aufstehen und der*die nächste Schüler*in kann probieren, den Satz zu vervollständigen. Alle richtigen sitzenden Schüler*innen tragen abschließend den Satz vor. In der nächsten Spielrunde wählen die Schüler*innen ein neues Wort.

Beispiel: 1. Lernjahr

Tipp
Im Sinne der Differenzierung bietet es sich bei leistungsschwächeren Lerngruppen an, dass zunächst nur mit drei Wörtern ein Satz gebildet werden soll. Ein weiterer Stuhl wird erst dann hinzugefügt, wenn die Lernenden ein paar Runden gespielt haben.

8 *Dados – Satzbau üben*

 Sätze um eine Personenanzahl bilden, zusammenhängendes Sprechen

 1.–4. Lernjahr

 5–7 Minuten

 Würfel

Durchführung
Die Lerngruppe wird in Tandems oder Kleingruppen aufgeteilt. Alle Tandems/Kleingruppen erhalten je einen Spielwürfel. Jede Zahl auf dem Würfel stellt eine Person dar: *yo* ist die 1, *tú* die 2 …
Der*die erste Schüler*in würfelt eine Zahl und bildet einen Satz mit einem Verb in der entsprechenden Personalform. Anschließend würfelt der*die nächste und bildet den nächsten Satz.

Variante
Bei älteren Lerngruppen kann das Spiel komplexer gespielt werden, indem inhaltlich an den vorherigen Satz angeknüpft werden muss, sodass schließlich eine kleine Erzählung entsteht.

Beispiel: *El laberinto*, 3. Lernjahr
Würfelzahl 4: *Ayer mi clase y yo* ***fuimos*** *a un parque.*
Würfelzahl 1: *En el parque había también un laberinto, y como me gustan los laberintos* ***fui*** *allí.*
Würfelzahl 6: …

9 *Kamishibai* – Monologisches Sprechen oder Rollenspiel

 monologisches/dialogisches Sprechen

 1.–4. Lernjahr

 2–3 Minuten

 Kamishibai-Vorlagen, Bilderrahmen

Durchführung

Bevor dieses Aufgabenformat im Unterricht eingesetzt wird, bietet es sich an, dass jede*r Lernende einen Kamishibai-Rahmen erstellt. Auch das Basteln des Rahmens bietet bereits viele Sprechanlässe und eignet sich hervorragend, um der Lerngruppe die Methodik zu erklären, ggf. mithilfe eines durch die Lehrkraft vorgestellten Beispiels. Genutzt werden kann ein Kamishibai sowohl für monologische als auch für dialogische Sprechanlässe in Tandems oder sogar Gruppen. Je nach Lernjahr kann den Schüler*innen ein Bild zu einem Lektionstext im Kamishibai-Rahmen gezeigt werden, das sie versprachlichen sollen. Alternativ erstellen sie selbst Bilder sowie Geschichten, die sie anschließend präsentieren. Dies eignet sich allerdings eher für höhere Sprachlernjahrgänge.

Tipp

Leistungsschwächere Schüler*innen erhalten im Sinne des Scaffoldings zunächst kleinschrittigere Aufgabenstellungen, indem sie zum Beispiel ein Bild zu einem Lektionstext nur imitierend nachsprechen sollen.

Variante

Die Beschreibung der unterschiedlichen Bilder einer Geschichte kann auch mithilfe der Stationen-Methode angeleitet werden. An jeder Station wird ein Bild der Geschichte ausgelegt und die Lerngruppe wird in Kleingruppen eingeteilt. Von Station zu Station wird anschließend jedes Bild besucht und beschrieben bzw. dazu erzählt.

Digitale Variante

Es gibt auch digitale Kamishibais, die im Internet kostenlos zur Verfügung stehen. Darüber hinaus können die Schüler*innen auch mithilfe digitaler Tools, wie z. B. *https://storybird.com/*, selbstständig digitale Kamishibais erstellen und diese anschließend im Plenum präsentieren.

FOKUS: GRAMMATIK

10 *Acentos – Wörter akzentuiert sprechen*

 Akzente üben

 1.–2. Lernjahr

 5–7 Minuten

 zweigeteiltes Arbeitsblatt mit Beispielwörtern

Durchführung

Gerade jungen Sprachlernenden fällt die Anwendung der Regeln zu den Akzenten sehr schwer. Insofern bietet sich gerade hier eine spielerische Herangehensweise an, um sie für die richtige Anwendung von Akzenten zu sensibilisieren. Die Lerngruppe wird zunächst in Tandems eingeteilt. Jedes Tandem erhält ein in der Mitte gefaltetes Blatt. Auf beiden Seiten stehen die gleichen Wörter, jedoch einmal ohne Akzent und einmal mit Akzent. Der*die Partner*in (hier: *Alumno/a B*), welche*r die Wörter mit den Akzenten sieht, klatscht die Silben des Wortes und betont dabei besonders die Silbe, auf welche ein Akzent zu setzen ist. Der*die zuhörende Partner*in (hier: *Alumno/a A*) notiert den Akzent bei seinem Wort an der richtigen Stelle. Anschließend tauschen die Partner*innen ihre Rollen.

Beispiel:

Alumno/a A: Pon el acento.	*Alumno/a B: Separa la palabra en sílabas y pronuncia con más énfasis la sílaba con acento.*
habitacion … …	*ha – bi – ta –* ***ción*** … …

11 *Bingo de preguntas* – Fragen stellen und beantworten

Fragesätze formulieren, Fragen beantworten

2.–4. Lernjahr

2–3 Minuten

Arbeitsblatt mit Bingotabelle

Durchführung
Alle Schüler*innen der Lerngruppe erhalten eine Bingotabelle. Auf ein Signal der Lehrkraft hin gehen sie im Raum umher und stellen sich gegenseitig Fragen zu den in der Bingotabelle formulierten Themen. Wer zuerst die Tabelle mit Namen aus der Lerngruppe vervollständigt, ruft „Bingo“ und hat gewonnen.

Beispiel: 2. Lernjahr
Busca una persona…

…que tenga un hermano. *Nombre:* __________	*…que tenga una mascota.* *Nombre:* __________	*…a quien le guste el fútbol.* *Nombre:* __________	*…a quien le guste leer.* *Nombre:* __________
…que cumpla años en otoño. *Nombre:* __________	*…que tenga los ojos azules.* *Nombre:* __________	*… que hable más de dos lenguas.* *Nombre:* __________	*…que escuche Rap o Hip Hop.* *Nombre:* __________
…a quien le gusten las matemáticas. *Nombre:* __________	*…que lleve gafas.* *Nombre:* __________	*…que escriba con la mano izquierda.* *Nombre:* __________	*…que conozca una ciudad en España.* *Nombre:* __________
…que no coma carne. *Nombre:* __________	*…que no utilice mucho su móvil.* *Nombre:* __________	*…que hoy no lleve chándal.* *Nombre:* __________	*…que no practique deporte.* *Nombre:* __________

12 *Manzanas y peras – Vergleiche ziehen*

Dinge miteinander in Verbindung bringen durch Vergleiche

1.–4. Lernjahr

7–10 Minuten

Arbeitsblätter

Durchführung

Vor Durchführung der Übung bietet es sich an, die Think-Pair-Share-Methode im Plenum zu besprechen und die Bedeutung der einzelnen Phasen zu erklären.
Im Sinne dieser Methode bearbeiten die Schüler*innen zunächst die gestellte Vergleichsaufgabe für sich in einem Zeitfenster von circa zwei bis drei Minuten (Think). In der zweiten Phase gehen sie in den Austausch mit einem*r Partner*in (ca. drei bis fünf Minuten; Pair) und schließlich präsentieren sie ihre Arbeitsergebnisse im Plenum (Share).
Verglichen werden können sehr unterschiedliche Dinge, von Haustieren (1. Lernjahr) bis hin zu Gewohnheiten (3./4. Lernjahr, siehe Beispiel).

Beispiel: *La paga*, 3./4. Lernjahr

¿Cuánto? ¿Para qué?

¿Cuánto gastas en golosinas?

¿Cuánto gastas en salir con amigos/amigas?

¿Cuánto gastas en ropa/calzado?

¿Cuánto te cuesta el contrato del móvil?

¿Cuánto gastas en actividades de ocio?

yo:	***mi compañero/a:***
1. ____________________	____________________
2. ____________________	____________________
3. ____________________	____________________
4. ____________________	____________________
5. ____________________	____________________

comparación de los gastos de la paga:

1. ____
2. ____
3. ____
4. ____
5. ____

Tipp

Im Sinne der Differenzierung bietet es sich bei leistungsschwächeren Schüler*innen an, dass sie auf dem Arbeitsblatt für jede Phase Beispiele erhalten, um zunächst das Muster der Methode einzuüben.

Digitale Variante

In Breakout-Rooms, die in den gängigen Konferenzsystemen der Schulserver eingerichtet werden können, werden den Tandems Bilder eingespielt, z. B. Turnschuhe. Die Tandems geben in den Chat ein, wie viel Geld sie für Turnschuhe ausgeben. Anschließend bilden sie vergleichende Sätze. Im digitalen Plenum tragen die Tandems beispielhaft Themen vor, die sie miteinander verglichen haben.

13 *Predecir el futuro* – Die Zukunft voraussagen

 das Futur wiederholen, dialogisches Sprechen

 3.–4. Lernjahr

 2–5 Minuten

 laminierte Themenkarten

Durchführung
Vor Beginn der Übung verteilt die Lehrkraft eine Vielzahl von Themenkarten auf einem Tisch. Jede*r Schüler*in zieht eine Karte und nimmt diese mit an den Tandemtisch. Jeweils zwei Schüler*innen sitzen sich an diesem gegenüber. Gleichzeitig werden die Karten umgedreht und zu dem darauf abgebildeten Thema sagt man dem*der Partner*in die Zukunft voraus. Die Schüler*innen sollen dabei die Zeitform des Futurs anwenden.

Beispiel: Denkbar sind folgende Kategorien:

la profesión – el dinero – los amigos/las amigas – el amor – la familia – la casa – el dinero – los viajes – la salud – las actividades de tiempo libre – la tendencia del día – el consejo del día – la suerte – el éxito

Tipp
Im Sinne der Differenzierung bietet es sich bei leistungsschwächeren Schüler*innen an, dass sie auf den Themenkarten auch Hilfsvokabular oder beispielhafte Verben zur Versprachlichung der Voraussagen erhalten.

Digitale Variante
Die Schüler*innenpaare drehen per Tastendruck an einem digitalen Roulette, z. B. von *wheelspinner.app/wheel-maker/*, und je nachdem, bei welchem Thema dieses hält, formulieren sie eine Voraussage.

14 *Como Caperucita salvó al lobo* – Das *pretérito indefinido* und *pretérito perfecto*

 Vergangenheitstempora unterscheiden, zusammenhängendes Sprechen

 2.–4. Lernjahr

 2–5 Minuten

 Storytelling-Poster und Karten mit Signalwörtern für die jeweilige Vergangenheitszeit

Durchführung
Die Lerngruppe bildet einen Stuhlkreis. In die Mitte wird ein Storytelling-Poster so ausgelegt, dass es für alle Lernenden gut sichtbar ist.
Auf dem Poster ist eine universelle Geschichte, z. B. ein Märchen, zu sehen, das möglichst alle kennen, jedoch mit einem abweichenden bzw. überraschenden Ende. Das Poster zeigt auch nicht die übliche Bildergeschichte, sondern ist im Sinne der „Storytelling-Methode" aufgebaut, Das bedeutet, es sind auch sogenannte Nebenhandlungen zu sehen. Jede*r Schüler*in erhält eine Signalwort-Karte, auf der eine Vergangenheitszeit vermerkt ist (*pretérito indefinido* oder *pretérito perfecto*).
Die Lehrkraft beginnt die Geschichte mit den Worten „*Érase una vez…*" und übergibt das Wort an die Schüler*innen, welche ihre Signalwort-Karte in die Mitte legen, wenn sie einen Satz passend zur Reihenfolge der Geschichte und in der richtigen Vergangenheitsform formuliert haben.

Beispiel:

Tipp
Im Sinne der Differenzierung bietet es sich bei leistungsschwächeren Schüler*innen an, dass auf dem Poster Hilfsvokabular zu finden ist, welches die Schüler*innen dabei unterstützt, einen passenden Satz zu bilden.

Variante
Die Lehrkraft teilt das abgewandelte Märchen in Einzelsätzen zerschnitten aus. Zunächst lesen die Schüler*innen ihre Sätze laut vor. Anschließend müssen sie ihren Satz an der richtigen Stelle der Geschichte vortragen und an der passenden Stelle des Posters anlegen.

15 *1 problema y 20 consejos* – Den *subjuntivo* üben

 *subjuntivo* üben, dialogisches Sprechen

 3.–4. Lernjahr

 2–3 Minuten

 Bildkarten mit „Problemimpulsen“

Durchführung
Die Lehrkraft zieht eine „Problemimpulskarte“ und die Schüler*innen formulieren dazu mithilfe der Verwendung des *subjuntivos* einen Ratschlag, wie das Problem gelöst werden kann oder worauf bei der Lösung des Problems geachtet werden sollte.

Beispiel: 3. Lernjahr

Es importante que no pases todo el día delante del móvil.

Es bueno que quedes con tus amigos – pero no es necesario que lo hagáis por móvil.

Para que no pases demasiado tiempo delante del móvil utilízalo sólo durante una hora al día.

Tipp
Im Sinne der Differenzierung bietet es sich bei leistungsschwächeren Schüler*innen an, dass sie die Satzanfänge, welche die Verwendung des *subjuntivo* einleiten, unterstützend erhalten.

16 *La ruleta de la fortuna* – Phrasen und Kollokationen üben

 Phrasen und Kollokationen zu Verben schulen und festigen

 1.–4. Lernjahr

 5–7 Minuten

 Drehscheibe mit den Zahlen 1–10 (Glücksrad); Liste mit zehn Verben

Durchführung
Die Lehrkraft unterteilt die Klasse in Kleingruppen mit jeweils vier bis sechs Schüler*innen. Jede Gruppe erhält ein Glücksrad und eine Liste mit zehn Verben, die einer Zahl des Glücksrads zugeordnet sind. Der*die Erste dreht das Rad und benennt so viele Phrasen/Kollokationen, wie ihm*ihr zu dem Verb mit der entsprechenden Zahl einfallen. Die Anzahl wird als Punkte vermerkt. Finden die anderen Spielenden weitere Phrasen/Kollokationen, so dürfen sie sich einen Punkt notieren.
Wer am Ende der Spielrunde die meisten Punkte hat, gewinnt das Glücksrad-Spiel.

Beispiel: 1. Lernjahr

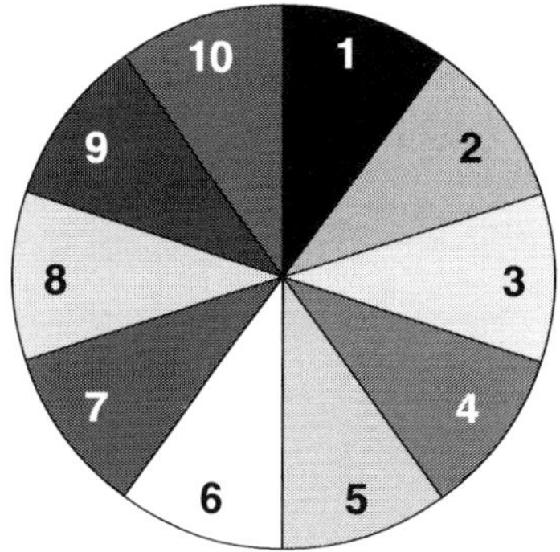

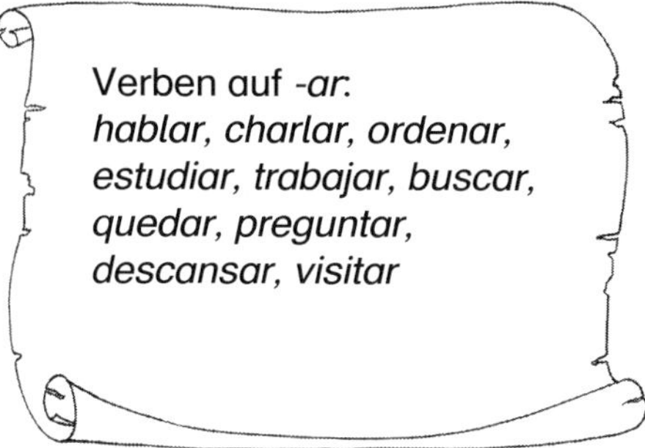

Tipp
Im Sinne der Differenzierung bietet es sich bei leistungsschwächeren Schüler*innen an, dass sie ggf. nur drei Phrasen/Kollokationen pro Verb finden sollen.

Variante
Die Phrasen/Kollokationen können auch auf Lernkarteikarten annotiert werden, um diese vorbereitend, z. B. für eine Leistungsmessung, zu üben.

17 *El juego de la oca* – Gelenktes, zusammenhängendes Sprechen

 freies Sprechen, Wiederholung der Tempora o. Ä.

 2.–4. Lernjahr

 7–10 Minuten

 laminierte Spielfelder, Würfel, Spielsteine oder Geldstücke

Durchführung
Die Lehrkraft unterteilt die Klasse in Kleingruppen mit jeweils zwei bis vier Schüler*innen. Jede Gruppe erhält ein kopiertes oder laminiertes Spielfeld von *El juego de la oca.* Auf den Spielfeldern ist eingetragen, was die Spielenden tun sollen, wenn sie auf dem jeweiligen Feld landen.

Jede Gruppe erhält zudem eine Spielregelkarte, auf welcher folgende Regeln nachgelesen werden können:

- *Poned todas las fichas en la casilla SALIDA.*
- *El primer jugador/la primera jugadora: tira el dado y avanza hasta la casilla que el número del dado te indica.*
- *Si caes en la casilla con una oca, entonces tienes que decir: „De oca en oca y tiro porque me toca." Puedes avanzar con tu ficha hasta la siguiente oca. Si te olvidas de decir la frase tienes que volver a la oca anterior.*
- *Si caes en la casilla de retroceso, tienes que volver hasta la casilla de salida.*
- *Si caes en la casilla monólogo tienes que hablar 30 segundos sobre el tema indicado.*
- *Si caes en la casilla diálogo tienes que hablar con otro jugador/otra jugadora sobre el tema indicado. Él/ella entonces también puede avanzar el número de casillas que indica el dado.*
- *Gana el jugador/la jugadora que llega primero a la META.*

Beispiel: Wiederholung der Tempora, 2./3. Lernjahr

Auf den Spielfeldern steht z. B. *Nombra las formas del verbo „ver" utilizando el pretérito indefinido.*

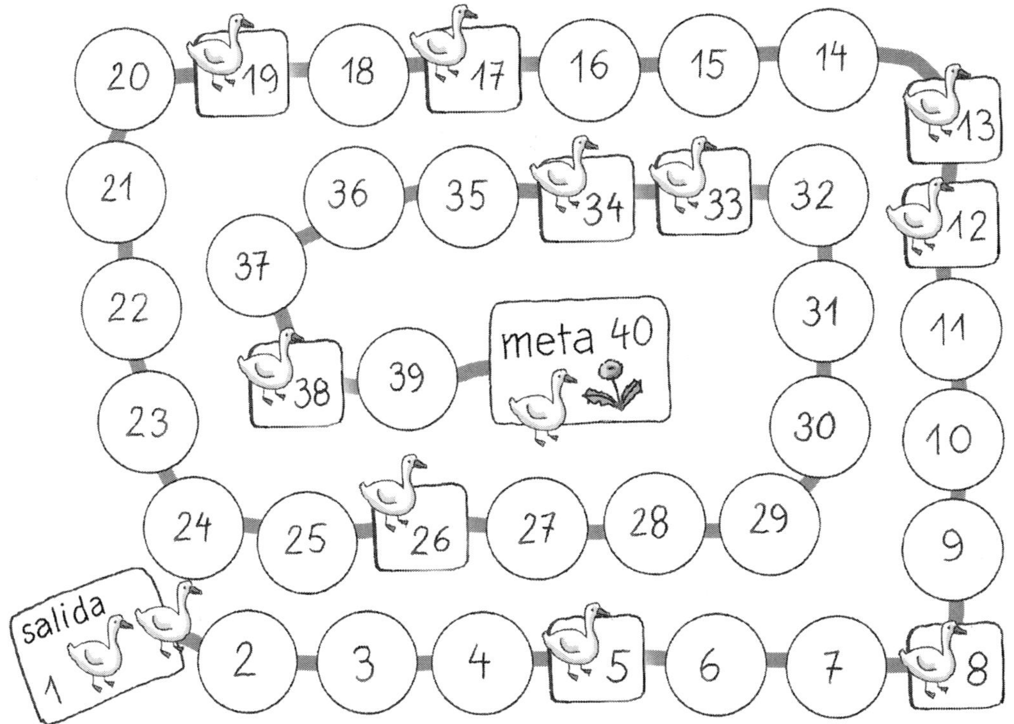

Tipp
Im Sinne der Differenzierung bietet es sich bei leistungsschwächeren Schüler*innen an, dass sie ergänzend zu jedem Spielfeld ein bis zwei Satzanfänge erhalten.

Variante
El juego de la oca kann auch zur Wiederholung von Grammatikthemen genutzt werden. Hierfür werden die thematischen Felder dann durch „Grammatikfelder“ ersetzt.

Digitale Variante
Das Spiel kann auch digital erstellt und gespielt werden, indem die Spielfelder je nach Thema immer digital zugespielt werden. Mithilfe von *https://mobbyt.com/* kann das Spiel selbst erstellt und entsprechend dem Thema sowie der Stärke der Lerngruppe immer wieder neu angepasst werden.

FOKUS: KREATIVITÄT

18 *Producto sin nombre* – Präsentieren, diskutieren

über ein Produkt sprechen, sich einigen

2.–4. Lernjahr

4–5 Minuten

spanische Produkte oder Produkte, die spanische Elemente enthalten (und problemlos käuflich erworben werden können)

Durchführung
Im Unterrichtsraum wird eine „Produkttheke" mit vielen unterschiedlichen spanischen Produkten aufgebaut; im Idealfall sind deren originäre Namen nicht zu sehen bzw. nicht vorhanden, z. B. auf einer Flasche Olivenöl oder einer Orange etc. Jede*r Schüler*in darf nun ein Produkt auswählen, sich für dieses einen passenden Namen ausdenken und einen gesprochenen Werbetext erarbeiten, der entweder digital oder analog präsentiert werden kann. Die Werbung sollte maximal 30–45 Sekunden lang sein. Die Ergebnisse können entweder im digitalen Raum oder im Plenum präsentiert werden. Unter allen Präsentationen kann der „Werbestar" gewählt werden. Hierzu sollten in der Lerngruppe vor Beginn der Erarbeitungsphase Kriterien erarbeitet werden, die für alle verbindlich sind.

Beispiel: *ACEITE de UNA*

El Aceite de Una está hecho de aceitunas de Baena.
No sólo tiene un sabor exquisito, sino que
* *es bueno para la salud*
* *contiene ingredientes naturales*
* *está prensado en frío*

Compra aceite de Una. Compra salud. Compra calidad.

Tipp
Im Sinne der Differenzierung bietet es sich bei leistungsschwächeren Schüler*innen an, dass sie zu ihrem Produkt helfende Adjektive erhalten, um ihm einen Namen geben zu können und daraus eine Sprechwerbung zu erstellen.

Variante

Die Schüler*innen wählen für sich ein Produkt aus, zu dem sie eine Werbung erstellen, ohne seinen Namen zu verraten (bei dieser Variante braucht man also auch keine „Produkttheke"). Die Lerngruppe hört die Werbung und muss erraten, um welches Produkt es sich handelt.

19 *Un tutorial lo explica todo* – Beschreibungen und kontextualisiertes Sprechen

 freies, zusammenhängendes Sprechen; Wortschatz/Grammatik wiederholen und festigen

 2.–4. Lernjahr

 4–5 Minuten

 kurze Videotutorials, welche die Schüler*innen selbst erstellen; ggf. ein Beispielvideo

Durchführung
Erklärvideos sind mittlerweile zu einer ergänzenden Unterrichtshilfe geworden und werden von den Schüler*innen alltäglich genutzt. Aus diesem Grund bietet es sich an, wenn sie selbst tätig werden und Autor*innen eines Tutorials sind.
Hierfür können sie entweder allein arbeiten oder Kleingruppen bilden. Sie erhalten entweder ein vorgegebenes Thema *„Elabora un tutorial sobre una receta de cocina empleando el imperativo.“* oder sie können innerhalb eines Themas selbst ein Unterthema erarbeiten, das frei wählbar ist.
Bevor sie das Erklärvideo filmen, ist es wichtig, gemeinsame Kriterien zu Inhalt, Sprache und Ausführung festzulegen, die durchgehend einsehbar sind.
Die fertig erstellten Produkte sollten für die gesamte Lerngruppe einseh- und kommentierbar sein, analog zu den Möglichkeiten, die auch bei authentischen Tutorials bestehen.

Beispiel: *Helado de fresa*

Bild 1: *3 ingredientes > medio kilo de fresas, 1/2 taza de lecha condensada, 1 taza de leche evaporada*
Bild 2: *Lava y corta las fresas en cubitos y ponlas sobre una bandeja.*
Bild 3: *Después mételas durante una noche en el congelador.*
Bild 4: *Sácalas y mételas en la licuadora. Agrégales la leche condensada y la leche evaporada.*
Bild 5: *Licua todo bien y luego pon la masa en un molde de metal. Después mete el molde una hora en el congelador.*
Bild 6: *Saca el helado cuando ya esté sólido y luego repártelo para ti y tu familia y amigos.*

Tipp
Im Sinne der Differenzierung bietet es sich bei leistungsschwächeren Schüler*innen an, dass sie ein Beispielvideo erhalten, an welchem sie sich orientieren können. Denkbar ist auch die Unterstützung durch bereits gedrehte Bilder, die nur vertont werden sollen.

20 Karaoke – Imitierendes Singen bzw. Sprechen

 freies, zusammenhängendes Sprechen; Wortschatz/Grammatik wiederholen und festigen

 2.–4. Lernjahr

 4–5 Minuten

 vorbereitete Kärtchen mit Liedtiteln (die Lieder sollten bekannt sein) oder Liste mit Liedern, die digital abrufbar sind

Durchführung
Immer vier bis fünf Lernende bilden eine Gruppe. Die Lehrkraft hat einen Kärtchenstapel mit Liedtiteln und einer Zeile des Refrains. Diesen beginnt die Lehrkraft zu singen oder – in der erschwerten Version – nur zu sprechen. Wer den Refrain weitersingen/-sprechen kann, meldet sich. Bei korrekter Antwort erhält die entsprechende Gruppe einen Punkt. Siegergruppe ist die Gruppe mit den meisten Punkten.
Um die Kenntnis über die zu erratenden Refrains der Lieder zu erleichtern, bietet es sich an, dass die Schüler*innen in der Unterrichtsstunde vor der Durchführung des Spiels jeweils drei spanischsprachige Lieder notieren, die sie kennen, sodass sie selbst einen Fundus erstellen.

Beispiel:

Los del Río „Macarena“

Refrain:
Dale a tu cuerpo alegría
Macarena…

Lösung:
Que tu cuerpo es para darle
alegría y cosa buena

Tipp
Im Sinne der Differenzierung bietet es sich bei leistungsschwächeren Schüler*innen an, dass ggf. eine ganze Strophe vorgesungen/-gelesen bzw. vom Musikvideo gezeigt wird, sie das Lied aber dennoch nur eine Zeile weitersingen/-sprechen sollen.

FREIE
SPRACHVERWENDUNG

Hinweise zum Einsatz im Unterricht

Die freie Sprachverwendung ist eine der herausforderndsten Kompetenzen beim Erwerb einer Sprache, da sie sich weg von gelenkten Dialogen, inhaltlichen Vorgaben oder anderen Anforderungen bewegt und die Lernenden somit viele Teilkompetenzen verknüpfen müssen.

In den Vordergrund rückt die Kreativität der Schüler*innen in Kombination mit der Umsetzung von grammatikalischen sowie Wortschatzkenntnissen und der Fähigkeiten, ihre eigenen Standpunkte zu vertreten sowie mit anderen zu argumentieren.

Aus den genannten Gründen sollten diese Übungen im Unterricht einen bedeutenden Stellenwert haben, kommen im Alltag jedoch oftmals etwas zu kurz bzw. werden zugunsten anderer Aufgaben nur zeitlich begrenzt durchgeführt. Dies verfehlt allerdings deren Zielsetzungen. Es bietet sich daher an, bei der Unterrichtsplanung eher etwas mehr Zeit für die Durchführung dieser Übungen zu kalkulieren, um allen Schüler*innen ausreichend Gelegenheit zu geben, die Zielsprache anwenden zu können und entsprechend produzieren zu können.

Die freien Übungen können selbstverständlich durchgehend inhaltlich und sprachlich zusammengefasst sowie schriftlich fixiert werden, um die Lernprogression auch in anderen Kompetenzbereichen zu unterstützen. Dies umfasst natürlich auch die digitalen Kompetenzen.

FOKUS: FREIE SPRACHVERWENDUNG

1 *Ciudad, país, río* – Kreatives, freies Sprechen

freies Sprechen, neuen Wortschatz einführen und festigen

2.–4. Lernjahr

5–10 Minuten

Namenskärtchen von Städten, Ländern und Flüssen

Durchführung
Der Kartenstapel wird so in die Mitte des Raumes gelegt, dass nur die Person den Namen einer Stadt, eines Landes oder eines Flusses lesen kann, welche die Karte umdreht. Wer an der Reihe ist, stellt sich in die Mitte des Raumes und beschreibt sich aus der Perspektive der Stadt, des Landes oder des Flusses. Die Lerngruppe muss raten, wer er*sie ist.

Beispiel: 2. Lernjahr

El Guadalquivir

Beispiellösung:
Soy el segundo río más largo de España. Fluyo por el sur de España y mi ciudad favorita es Sevilla. Allí siempre paso junto a la Torre de Oro. También paso por el Coto de Doñana antes de llegar a Portugal. Ahí mi ciudad favorita es Faro, pero no llego a verla porque antes desemboco en el mar Mediterráneo.

Tipp
Bei leistungsschwachen Schüler*innen bietet es sich an, wenn sie neben Bild und Namen auch noch Satzanfänge bzw. inhaltliche Information erhalten, mithilfe derer sie die Beschreibung formulieren können.

Variante
Das Spiel kann auch mit berühmten Persönlichkeiten gespielt werden. Hierbei sollten neben Bild und Namen auch biografische Daten notiert sein, die sachdienlich sind.

2 *Nuestro experimento* – Argumentieren, kritisch beleuchten

 einen Lösungsansatz erklären und vertreten, Meinungen kommentieren

 3.–4. Lernjahr

 10–15 Minuten

 eine kleine Holzrampe, kleine Kartons, Gummiräder mit Schraubmöglichkeiten, Watte, Stoff, Steine, Stifte, Reinigungspapier, Gummibänder, Tischtennisbälle etc.

Durchführung

Die Lerngruppe wird in Gruppen mit vier bis fünf Schüler*innen aufgeteilt. Sie erhalten die Aufgabe, aus den ausgegebenen Materialien ein kleines Auto zu bauen und es so auszulegen, dass ein Tischtennisball darin befestigt wird. Das Auto soll eine Rampe herunterfahren, ohne dass der Tischtennisball herausfällt.

Anschließend haben die Gruppen zehn Minuten Zeit, um das Auto zu bauen. Schließlich werden alle Autos ausgestellt und die Schüler*innen formulieren in der Zielsprache, welche Materialien sie verwendet haben und warum. Anschließend benennen die Schüler*innen der anderen Gruppen, bei welchen Gruppen die Bälle ggf. heraushüpfen können und weshalb. Die angesprochenen Gruppen haben die Möglichkeit, darauf zu antworten. Nun lässt man die Autos die Rampe herunterfahren. Die Gruppe, deren Ball im Auto bleibt, darf diesen behalten und ihn in den Pausen z. B. für Tischtennisspiele nutzen.

Tipp

Bei leistungsstarken Schüler*innen bietet es sich an, wenn sie noch eine weitere Runde spielen dürfen. Wenn sie in der ersten Runde vier der ausgelegten Materialien benutzen durften, müssen sie jetzt das Auto mit dem Ball mit einem Material weniger die Rampe herunterfahren lassen.

3 *La tierra vista desde una nube* – Kreative Sprachverwendung

 freies Sprechen, Beschreibung eines „Bildes"

 1.–4. Lernjahr

 3–5 Minuten

 ausgeschnittene Wolke(n)

Durchführung
Die Lerngruppe wird in Kleingruppen unterteilt. Jede Gruppe setzt sich um einen Tisch herum und erhält eine Papierwolke, auf die sich die Schüler*innen imaginär setzen sollen, um ein Thema/eine Situation von oben zu betrachten.
Sofern die Aufgabe thematisch eingegrenzt durchgeführt werden soll, kann auf der Wolke auch ein Thema vermerkt oder dieses im Rahmen der Aufgabenstellung gelenkt werden. In einer vorbereitenden Phase können die Schüler*innen im geschützten Gruppenraum üben, was sie sagen werden bzw. kreativ ihre Ideen sammeln.
Zur Einführung in die Plenumsphase kann die Lehrkraft die Wolken an der Tafel festmachen oder hochhalten. Nacheinander beschreiben die Gruppen, was sie aus der Wolkenperspektive sehen.

Beispiel: 4. Lernjahr

Ayer leímos cómo experimentó Jorge la discusión con su amigo en primera persona. Hoy nos encontramos en una nube. Relatad lo que describió Jorge ayer, pero visto desde arriba.

Tipp
Bei leistungsschwächeren Schüler*innen bietet es sich an, wenn zu dem Thema ergänzende Hilfsfragen bereitgestellt werden, die ihnen die Orientierung des zu „Sehenden" erleichtern.

4 *Espalda con espalda* – Eine Geschichte entwickeln

 freies, kreatives Sprechen

 1.–4. Lernjahr

 3–5 Minuten

 ausreichende Menge an Stühlen, Einleitung einer Geschichte

Durchführung

Zwei Schüler*innen (S1 und S2) der Lerngruppe setzen sich Rücken an Rücken auf zwei Stühle. Die anderen Schüler*innen setzen sich im Stuhlkreis um die beiden herum. In einem zweiten Schritt erhält die gesamte Lerngruppe von der Lehrkraft Informationen zum Rahmen einer Geschichte. Jede*r Schüler*in aus dem Stuhlkreis denkt sich nun ein Wort oder eine Kollokation zum Thema der Geschichte aus.
Die Lehrkraft spricht anschließend die Einleitung der Geschichte und die Schüler*innen S1 und S2, die Rücken an Rücken sitzen, führen die Geschichte um einen Satz fort. Dabei spricht S1 den ersten Teil des Satzes und S2 den zweiten Teil.
Anschließend benennt der*die erste Schüler*in (im Beispiel unten S3) aus dem Stuhlkreis das erste einzuflechtende Wort bzw. die Kollokation. Reihum ergänzen alle weiteren Schüler*innen. Damit es nicht zu schwer für die zwei Rücken an Rücken sitzenden Schüler*innen wird, können auf ein Zeichen der Lehrkraft hin auch die Positionen getauscht werden und zwei andere Schüler*innen setzen sich in den Kreis.

Beispiel: 1. Lernjahr

Lehrkraft: *Hoy es el cumpleaños de Mateo y celebra una fiesta.*
Sus amigos Paul, Ben, Laura y Clara tienen un problema.
S1: *Aún no tienen…*
S2: *…un regalo.*
S3: *gustar*
S1: *Laura pregunta a sus amigos: ¿Qué le…*
S2: *…gusta a Mateo?*

Tipp

Bei leistungsschwächeren Schüler*innen bietet es sich an, wenn sie das Spiel zunächst von Angesicht zu Angesicht und z. B. zu einem bereits bekannten (Lektions-)Text spielen.

Variante
Das Spiel kann auch nur im Kreis gespielt werden. Hierfür leitet die Lehrkraft ebenso die Geschichte ein, jedoch denken sich alle Lernenden Wörter/Kollokationen aus, die thematisch dazu passen. Links von der Lehrkraft bilden immer zwei Schüler*innen einen die Geschichte weiterführenden Satz und rechts von der Lehrerin sitzend darf immer der*die nächste Schüler*in ein Wort/eine Kollokation benennen.

Digitale Variante
Im Sinne des digitalen Kompetenzerwerbs und der Schulung des Umgangs mit KI-Programmen kann das Spiel auch mithilfe einer KI gespielt werden. Hier gibt die KI das Impulswort vor und der*die Schüler*in führt die Geschichte weiter.

5 *Si yo fuera pintor/a* – Berühmte Bilder uminterpretieren

 freies, kreatives Sprechen

 1.–4. Lernjahr

 3–5 Minuten

 laminierte Bilder sehr bekannter (spanischsprachiger) Künstler

Durchführung
Die Lehrkraft legt in die Mitte des Raumes viele laminierte Bilder eines oder mehrerer berühmter (spanischsprachiger) Künstler. Jede*r Schüler*in darf sich ein Bild aussuchen und kann sich kurz vorbereiten. Anschließend benennt er*sie, was er*sie anders gestalten würde, wenn er*sie das Bild gemalt hätte.

Beispiel: 3. Lernjahr, *Pase de pecho* von Fernando Botero

Beispiellösung:
Si yo fuera pintor/a
El torero es una mujer y lleva un bikini con gafas de sol. En vez de una espada tiene un peine en la mano derecha y una toalla en la mano izquierda. El toro es un niño y tiene el pelo mojado. Además corre debajo de la toalla. No están en una plaza de toros sino en la playa rodeados de muchos otros turistas.

Tipp
Bei leistungsschwächeren Schüler*innen bietet es sich an, wenn sie das Spiel zunächst von Angesicht zu Angesicht und z. B. zu einem bereits bekannten (Lektions-)Text spielen. Leistungsstärkere Schüler könnten ihren Text im Konditional sagen: *El torero sería una mujer…*

Variante I
Das Spiel kann auch in Gruppen gespielt werden. Die Gruppe wählt gemeinsam eines der Bilder aus. Der*die erste Schüler*in benennt dabei die erste Änderung und reicht das Bild an den*die nächste*n Schüler*in, welche*r die nächste Änderung formuliert. Im Plenum präsentiert die Gruppe das neu entstandene Bild.

Variante II
Mithilfe der Bilder kann auch die Methode der Bildbeschreibung geübt werden. Dies können die Lernenden in Partnerarbeit tun. Partner*in 1 beschreibt zunächst das ausgewählte Bild und Partner*in 2 das neu kreierte.

Digitale Variante
Die Schüler*innen erhalten ein digitales Bild. Sie geben einer KI, z.B. DeepArt oder TuxPaint nun Anweisungen, das Bild umzugestalten bzw. malen es selbst um. Anschließend präsentieren sie das neue Bild im digitalen Plenum.